W0250694

Ofenfrische Blechkuchen

Oda Tietz

Ofenfrische Blechkuchen

Fotos von Helga Florian

Weltbild

Inhalt

Genuss mit Tradition

Für jeden Geschmack

Ob saftig, fruchtig, knusprig, sahnig, cremig, würzig, süß oder sogar herzhaft – Blechkuchen sind köstlich. Sie duften, verführen und schmecken. Blechkuchen sind einfach unwiderstehlich und haben eine lange Tradition. Lassen Sie sich von der Vielfalt der Rezepte überraschen. Ob Sie eine Vorliebe für Klassiker wie Streuselkuchen, Mohnkuchen, Quarkkuchen, Bienenstich oder Apfelkuchen haben oder moderne Blechkuchen bevorzugen wie beispielsweise den verlockenden Schneewittchenkuchen oder den ansehnlichen LPG-Kuchen. Der Schneewittchenkuchen ist eine Gaumenfreude aus Kirschen, Creme und Schokoladenteig, ein Farbspiel in Rot-Weiß-Schwarz (und das sind bekanntlich Schneewittchens Farben). Der aromatische LPG-Kuchen präsentiert sich mit sahniger Pracht und einer in Weinbrand getränkten Keksdecke. Da muss man einfach zugreifen.

Für Anfänger und Fortgeschrittene

Vor dem Essvergnügen steht das Backvergnügen. Wer seine Hände gern im Teig hat, gern knetet, formt, ausrollt, ausrädelt, füllt, glasiert, garniert, verziert, kommt ganz auf seine Kosten. Aber auch etwas Ungeübtere haben bei diesen Rezepten keine Probleme. Damit alles gut gelingt, finden Sie im ersten Kapitel die wichtigsten Informationen rund ums Backen: Was Sie an Geräten und Materialien benötigen und worauf Sie besonders achten sollten. Denn gutes Handwerkszeug ist nicht nur eine Voraussetzung für das Gelingen des Backwerks, sondern erleichtert auch die Arbeit. Tipps zu den Zutaten und zum Verzieren vervollständigen das Ganze. Außerdem werden die Grundteige Schritt für Schritt erklärt. Bei jedem Rezept ist die jeweilige Teigart mit einem Verweis auf den Grundteig angegeben. So können Sie noch vor dem Backen dort nachsehen, falls es nötig ist.

Süßes und Pikantes

Wer von Kuchen spricht, denkt in erster Linie an Süßes. Damit die Liebhaber von eher Deftigem nicht darauf verzichten müssen, gibt es ein eigenes Kapitel mit herzhaften Blechkuchen. Probieren Sie die Köstlichkeiten wie den Apfel-Zwiebel-Kuchen, eine würzige Kartoffelrolle oder einen sahnigen Spargelkuchen. Auch beim kleinen Backwerk finden sich Rezepte zu herzhaftem Backwerk. Ob pikantes Brot oder Käseküchlein, Kümmelhörnchen oder Schinkenröllchen – jedes Rezept ist etwas Besonderes, und für jeden Geschmack ist etwas dabei.

Auch das Äußere zählt

Bekanntlich isst das Auge immer mit. Deshalb wurde auch auf Glasur, Guss und Verzierung großer Wert gelegt. Hier

können Sie Ihrer Fantasie freien Lauf lassen und experimentieren. Probieren Sie einfach etwas Neues, wenn Sie ein Rezept ein zweites Mal nachbacken. Bei den Rezepten sind deshalb immer wieder Varianten auch zur Garnierung angegeben.

Für jede Gelegenheit

Ob Sie eine festliche Torte für eine Feier zaubern oder zu einer Einladung mitbringen – es gibt unzählige Anlässe zum Backen. Viele Rezepte sind sehr gut für Gäste geeignet. Das ist jeweils angemerkt und außerdem, ob ein Kuchen einfach gelingt oder etwas mehr Zeit braucht.
Wer noch keine große Erfahrung beim Backen hat, sollte mit einfacheren Rezepten beginnen. Zahlreiche Tipps und Tricks tun ihr Übriges, um das Backen einfacher zu machen. Bei vielen der erprobten Rezepte finden Sie zudem Varianten zu Teig, Belag oder Füllung. So können Sie nach Herzenslust ausprobieren und variieren.
Lassen Sie sich von den Rezepten zu eigenen fantasievollen Kreationen inspirieren. Überraschen Sie Ihre Familie und Freunde mit einem leckeren Blechkuchen.
Viel Spaß beim Backen und Schnabulieren!

WEIZEN
MEHL

So gelingen Blechkuchen

Nicht nur unerfahrene Bäcker finden in diesem Kapitel Wissenswertes und Hilfreiches rund ums Thema Backen. Die notwendigen Gerätschaften, die besten Zutaten sowie Tricks für eine schöne Dekoration stellen wir Ihnen hier vor. Auch die Grundteige, die in den Rezepten verwendet werden, lernen Sie bestens kennen – das erleichtert die Wahl des passenden Rezepts.

Utensilien und Geräte

Die richtige Ausrüstung

Die folgende Auflistung nennt die wichtigsten Gerätschaften, die Sie zum Backen benötigen:

- Küchenwaage
- Rührschüssel
- Messbecher
- Waage
- Mehlsieb
- Rührlöffel
- Schneebesen
- Quirl
- Handrührgerät
- Zitronenpresse
- Teigschaber
- Nudelholz
- Backpinsel
- Kuchenbleche
- Verschiedene Messer
- Zitrusstreifer
- Spritzbeutel

Die Rührschüssel kann aus Keramik, Edelstahl oder Plastik sein. Bei den Messern sollte man sich ein Wiegemesser, ein langes und breites Messer und ein Obstmesser zulegen.

Eine gewisse Grundausstattung ist zum Backen notwendig.

Ober-/Unterhitze	Heißluft	Gas
150 °C	130 °C	Stufe 1
160 °C	140 °C	Stufe 1–2
170 °C	150 °C	Stufe 2
180 °C	160 °C	Stufe 2
190 °C	170 °C	Stufe 3
200 °C	180 °C	Stufe 3
210 °C	190 °C	Stufe 4

Der Backofen

Da Backherde mit unterschiedlicher Energiezufuhr ausgestattet sind, können die Backzeiten für die einzelnen Rezepte länger oder kürzer ausfallen. Vertrauen Sie Ihren Erfahrungen!
Die Temperaturen sind bei jedem Rezept für Ober- und Unterhitze, Gas und Umluft angegeben. In der Tabelle sind die jeweiligen Temperaturen zusammengestellt.

Das Backblech

Ein Kuchenblech aus Schwarz- oder Aluminiumblech gehört zur Grundausstattung eines Herdes und wird in der Regel vom Hersteller mitgeliefert. Für Heißluft und für Ober- und Unterhitze eignen sich Schwarz- oder Emaillebleche. Für den Gasherd wird ein Aluminiumblech empfohlen, damit das Backwerk gut durchgebacken wird.
Auf einem Backblech kann man nach Belieben auch runde Kuchen backen. Dafür stellt man Tortenringe aus Metall auf das Blech. Da die Tortenringe in der Regel verstellbar sind, kann man die jeweilige Größe des Kuchens selbst bestimmen.
Wer Blechkuchen liebt, sollte mindestens zwei Backbleche im Haus haben. Zu dem vom Hersteller gelieferten Backblech in unterschiedlichen Größen kann man im Handel ein verschiebbares Herdbackblech erwerben. Es eignet sich für kleine und große Kuchen, denn es ist ausziehbar von 33 bis 52 Zentimeter. Außerdem passt es für alle Backöfen. Wenn bei den Rezepten das ausziehbare Backblech angegeben ist, wurden die Zutaten für die volle Größe angegeben.

Tipps für die Praxis

Die richtige Vorbereitung

Lesen Sie das Rezept genau durch, damit Sie wissen, welche Zutaten Sie benötigen. Wiegen Sie vorher alle Zutaten genau ab. Die Zutaten sollten, falls nicht anders angegeben, die gleiche Temperatur haben.

Sämtliche Zutaten sollten Sie in Reichweite haben.

Heizen Sie – falls nötig – den Backofen vor. Ein Backofen mit Umluft muss nicht vorgeheizt werden.

Die Zutaten

Entscheiden Sie sich immer für beste Qualität bei den Zutaten. Butter, Eier und Sahne sollten frisch sein. Der Fettgehalt der Sahne sollte mindestens 30 Prozent betragen, denn dann hat sie mehr Volumen und ist standfester.

▶ **Abkürzungen**

EL	Esslöffel
g	Gramm
gestr.	gestrichen(e)/(er)
kg	Kilogramm
l	Liter
ml	Milliliter
Msp.	Messerspitze
Pck.	Päckchen
TK-...	Tiefkühl-...
TL	Teelöffel

Eier

▶ Sie geben dem Backwerk Farbe und Nährwert, dienen aber auch als Bindemittel.

▶ Da sie den leicht verderblichen Lebensmitteln zugeordnet werden, sollten sie, bevor sie an den Teig gegeben werden, über einer Tasse aufgeschlagen werden.

▶ Ist das Eigelb von kugeliger Form und das Eiweiß dickflüssig, ist das Ei gut. Bei einem ganz frischen Ei »steht« das Eiweiß regelrecht.

▶ Für die Rezepte in diesem Buch wurden Eier der Gewichtsklasse 2 mit 65 bis 70 Gramm pro Ei verwendet.

▶ Wenn Sie Eiweiß steif schlagen wollen, dann achten Sie darauf, dass die Arbeitsgeräte sehr sauber und fettfrei sind. Mit Eiweiß zubereitete Teige dürfen nicht lange stehen; sie müssen sofort in den Ofen geschoben werden.

Mehl und Backpulver

Das Mehl, (gut geeignet ist Auszugsmehl Type 405) sollte stets gesiebt werden. Denn dann ist es lockerer und verbindet sich leichter mit den anderen Zutaten. Soll der Teig feinporig und zart sein, ersetzt man einen Teil des Mehls durch Speisestärke, das aus Kartoffeln, Mais oder Reis gewonnen wird.
Mehl und Backpulver sind beim Backen häufig unzertrennlich, denn das weiße Wundermittel treibt den Teig in die Höhe und macht ihn locker und luftig.

Die Garprobe

Am besten sticht man gegen Ende der Backzeit mit einem Holzstäbchen in den Kuchen. Wenn beim Herausziehen daran keine Teigreste mehr hängen bleiben, dann ist das Backwerk durchgebacken.

Mit einem Holzstäbchen prüfen Sie, ob der Kuchen fertig ist.

Die Grundteige

Knetteig

1 Alle Zutaten für den Knetteig müssen kalt sein.

2 Mehl und Backpulver mischen und in eine Schüssel sieben. In die Mitte eine Vertiefung drücken.

3 Dann Zucker, Vanillezucker, Salz, Ei und gegebenenfalls Milch in die Vertiefung geben.

4 Mit einem Teil des Mehls einen Brei bereiten.

5 Die Butter in Stückchen darauf geben und von der Mitte her alle Zutaten zu einem glatten Teig verkneten. Der Teig soll kräftig, aber rasch geknetet werden.

6 Den Teig zu einer Kugel formen und 30 Minuten kalt stellen.

Damit der Knetteig gelingt, müssen die Zutaten kalt sein.

7 Der Knetteig verträgt zwar viel Butter, aber wenig Eier, denn sie machen den Teig hart.

8 Als Belag eignen sich Obst, Mohn, Quark und Konfitüre.

▶ **Tipp:** Hefe darf nicht unmittelbar mit Salz in Berührung kommen, denn Salz entzieht den Hefezellen die Feuchtigkeit. Auch der direkte Kontakt mit Fett muss vermieden werden, sonst können sich die Hefezellen nicht vermehren. Die Folge davon ist, dass der Teig nicht aufgeht.

Hefeteig

1 Für den Hefeteig müssen alle Zutaten Zimmertemperatur haben, also Eier, Butter usw. rechtzeitig aus dem Kühlschrank nehmen.

2 Das Mehl in eine Schüssel sieben und in die Mitte eine Vertiefung drücken.

3 Zerbröckelte Hefe mit etwas Zucker und lauwarmer Milch verquirlen und in die Vertiefung gießen. Gibt man zu kalte Flüssigkeit (unter 30 °C) zur Hefe, wird die Triebkraft gebremst und der Prozess des Aufgehens verlangsamt sich. Zu heiße Flüssigkeit tötet die Hefebakterien ab. Der Teig bleibt »sitzen«.

4 Etwas Mehl vom Rand dazugeben und einen breiartigen Vorteig herstellen. Den Teig zugedeckt an einem warmen Ort gehen lassen.

5 Dann die restlichen Zutaten auf dem Mehlrand verteilen. Von der Mitte her die Zutaten zu einem geschmeidigen Teig verkneten.

6 Er ist richtig, wenn er sich vom Schüsselboden löst und seidig glänzt.

7 Den Teig zugedeckt an einem warmen Platz nochmals gehen lassen.

Der Hefeteig verträgt keinerlei Zugluft.

8 Anschließend den Teig zusammenstoßen und auf bemehlter Fläche noch einmal kräftig durchkneten.

Quark-Öl-Teig

1 Den abgetropften, ausgepressten Quark gut mit Milch, Ei, Öl, Zucker und Gewürzen verrühren. Öl sollte keinesfalls durch anderes festes Fett ersetzt werden.

2 Mehl und Backpulver vermischen und durchsieben. Mischen und Sieben machen das Mehl locker und verteilen das Backpulver gleichmäßig. Das Backwerk wird dadurch besser gelockert.

3 Mehl mit Backpulver dann nach und nach in die Quarkmasse einarbeiten.

4 Backwerk aus Quark-Öl-Teig sollte rasch verzehrt werden, denn der Teig wird schnell trocken.

Strudelteig

1 Aus den angegebenen Zutaten wird ein elastischer Teig bereitet. Dann muss der Teig ruhen.

2 Den Teig auf einem Geschirrtuch dünn ausrollen und mit etwas zerlassenem Fett bestreichen.

3 Anschließend den Teig über den Handrücken papierdünn ausziehen.

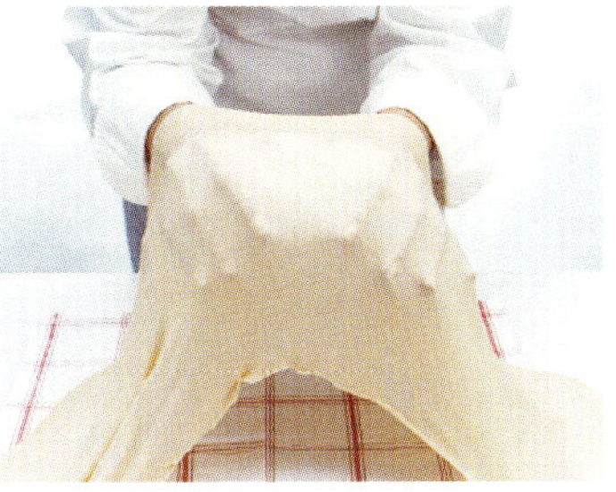

Der Strudelteig muss hauchdünn ausgezogen werden.

4 Wenn die Füllung aufgetragen ist, den Teig mithilfe des Geschirrtuchs von der längeren Seite her aufrollen. Die Rolle an den Enden gut zusammendrücken.

5 Passt für süße und herzhafte Füllungen.

Rührteig

1 Die Reihenfolge ist immer die gleiche.

2 Zuerst die Butter schaumig schlagen, dann den Zucker unterrühren, bis er sich aufgelöst hat.

3 Danach einzeln die Eier unterrühren und zuletzt das mit Backpulver vermischte, gesiebte Mehl.

4 Sobald das Mehl nicht mehr sichtbar ist, nicht mehr rühren, sonst wird das Klebereiweiß im Mehl aktiviert, und der Teig wird zäh.

5 Perfekt ist der Teig dann, wenn er schwer reißend vom Löffel fällt.

Biskuitteig

1 In der Regel werden die Eier getrennt.

2 Das Eigelb mit dem Zucker schaumig schlagen. Die Masse muss ausdauernd geschlagen werden.

3 Kommt Butter an den Teig, gibt man sie flüssig, aber abgekühlt dazu.

4 Das Eiweiß in einer anderen Schüssel steif schlagen und auf die Eigelbmasse gleiten lassen.

Das steif geschlagene Eiweiß wird vorsichtig untergehoben.

5 Mehl, Speisestärke und Backpulver vermischen, darüber sieben und unterheben.

6 Sehr wichtig ist, dass der Teig sofort nach der Zubereitung in den Backofen kommt, weil er sonst zusammenfällt.

Brandteig

1 Im Gegensatz zu anderen Teigen werden Flüssigkeit, Butter und Mehl vor dem eigentlichen Backvorgang erhitzt.

2 Wichtig ist, dass das gesiebte Mehl auf einmal in die kochend heiße Masse geschüttet und unter Rühren erhitzt wird, bis sich der Teig als Kloß vom Topfboden löst und auf dem Topfboden eine weißliche Schicht zu sehen ist.

Das Mehl kommt auf einmal in die kochende Flüssigkeit.

3 In einer Schüssel wird der heiße Teigkloß mit den restlichen Zutaten (außer dem Backpulver) vermengt.

4 Dabei ist darauf zu achten, dass so viele Eier zugegeben werden, bis der Teig glänzt und so vom Löffel reißt, dass lange Spitzen hängen bleiben. Die Eier machen den Teig locker und luftig.

Es muss so lange gerührt werden, bis sich ein Kloß bildet.

5 Zuletzt wird das Backpulver in den ausgekühlten Teig eingearbeitet. Es wird erst jetzt zugegeben, damit seine Triebkraft nicht vorzeitig ausgelöst wird.

6 Passt für süße und herzhafte Füllungen.

Baiser

1 Die Grundvoraussetzung: Die Küchengeräte müssen sehr gut gereinigt sein.

Baiser passt gut zu Obst, Fruchtsahne oder Buttercreme.

2 Die Masse aus Eiweiß und Zucker wird stabiler, wenn man einige Spritzer Zitronensaft zugibt.

3 Man kann auch zum Verfeinern gemahlene Mandeln oder Haselnüsse, geriebene Schokolade und Instant-Kaffee zufügen.

Blätterteig

1 Blätterteig selbst herzustellen ist ausgesprochen aufwändig. Deshalb wird in den Rezepten Tiefkühlblätterteig verwendet.

2 Die einzelnen Blätterteigplatten nebeneinander legen und auftauen lassen.

3 Der Blätterteig wird feiner, wenn man vor dem Ausrollen zusätzlich Butterflöckchen zwischen die Teigplatten legt.

Garnieren und Verzieren

Das Auge isst mit

Verzieren Sie Ihr Backwerk mit einer Glasur (sie bewahrt den Kuchen vor dem Austrocknen) oder mit Kuvertüre. Zerkleinerte und im heißen Wasserbad geschmolzene Kuvertüre fällt besonders glanzvoll aus, wenn sie nach dem Abkühlen ein weiteres Mal geschmolzen wird.

Formen aus Schokolade

▶ Mit kleinen Kunstwerken aus Kuvertüre kann man große Wirkungen erzielen. Es geht ganz einfach: Geben Sie dafür geschmolzene Kuvertüre auf eine gekühlte Platte – beispielsweise aus Porzellan, schaben Sie mit einem Spatel davon kleine Röllchen ab oder stechen Sie mit kleinen Ausstechförmchen Herzen, Kleeblätter, Sonne, Mond und Sterne usw. aus.

▶ Auch Schokoladenblätter kann man selbst herstellen. Bestreichen Sie die Blattunterlage von selbst gepflückten unbehandelten Rosen- oder Veilchenblättern mit geschmolzener Kuvertüre und lassen Sie die Masse fest werden. Danach geben Sie eine zweite Kuvertüreschicht darauf. Sobald die Masse erstarrt ist, ziehen Sie die Blätter vorsichtig ab.

▶ Schokoraspel können Sie mithilfe eines Reibeisens mit grober Scheibe herstellen. Die Kuvertüre sollte dafür gut gekühlt sein.

Als Unterlage eignet sich sehr gut ein Marmorbrett.

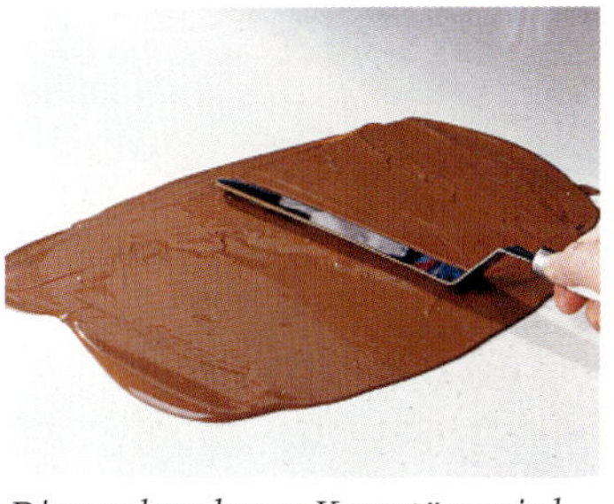

Die geschmolzene Kuvertüre wird gleichmäßig verstrichen.

Mit einem Spachtel wird die Schokolade zu Röllchen geschoben.

Ausgesprochen dekorativ wirken verzuckerte Blüten.

Kandierte Blüten

Dazu nimmt man frisch gepflückte, ungespritzte Blütenblätter. Der bittere Stielansatz wird jeweils entfernt. Die Blätter werden mit leicht aufgeschlagenem Eiweiß bestrichen und mit feinem Zucker bestreut. Dann lässt man die Blätter im Backofen bei 50 °C trocknen. Sie können Blütenblätter von Rosen, Nelken oder Jasmin nehmen.

Zuckerguss

Für fantasievolle Verzierungen eignet sich besonders Zuckerguss. Der gesiebte Puderzucker kann einfach mit Wasser angerührt werden. Der Guss wird dickflüssig und geschmeidig, wenn der Puderzucker mit Zitronensaft und leicht geschlagenem Eiweiß verrührt wird.

Trockene Blechkuchen

Streuselkuchen, Prasselkuchen, Bienenstich & Co. – die Klassiker unter den Blechkuchen schmecken immer wieder köstlich und bereichern jeden Kaffeetisch. Dafür sorgen die guten Zutaten! Der unkomplizierte Teig ist rasch bereitet, und die Backzeiten sind erfreulich kurz. So wählt auch der eilige Bäcker mitunter ein etwas aufwändigeres Rezept für besondere Gelegenheiten.

Marzipan-Mandel-Kuchen

Biskuitteig (▸ Seite 13 f.)

Fein und aromatisch
Gelingt leicht
1 Backblech, 30 x 40 cm

Zutaten

- **250 g Marzipan-Rohmasse**
- **8 Eier**
- **1 TL abgeriebene, unbehandelte Zitronenschale**
- **1 Prise Salz**
- **200 g Zucker**
- **250 g Mehl**
- **200 g Mandelblättchen**
- **150 g zerlassene Butter**
- **100 g Raspelschokolade**
- **Mandelblättchen zum Ausstreuen**

Dekoration

- **100 g Zartbitter-Schokolade**
- **2 EL gehackte Pistazien**

1 Die Marzipan-Rohmasse zerkleinern und die Eier sorgfältig trennen.

2 Eigelb, 3 Esslöffel Wasser, Zitronenschale, Salz, Zucker und Marzipan in einer Schüssel cremig schlagen.

3 Dann das Eiweiß steif schlagen und vorsichtig unterheben. Nach und nach das Mehl, die Mandelblättchen, die Butter und die Schokolade unterheben.

4 Ein Backblech einfetten, mit Mandelblättchen ausstreuen, den Teig darauf geben und glatt streichen.

5 Im vorgeheizten Backofen bei 180 °C (Gas Stufe 2, Umluft 160 °C) etwa 25 Minuten backen.

6 Den Kuchen aus dem Ofen nehmen und vollständig auskühlen lassen.

7 Zartbitter-Schokolade im heißen Wasserbad schmelzen, in Streifen über den ausgekühlten Kuchen ziehen und mit den Pistazien bestreuen.

Feiner Nusskuchen

Rührteig (▸ Seite 13)

Aromatisch
Für Gäste
1 Backblech, 30 x 40 cm

Zutaten

- **180 g Butter**
- **300 g Zucker**
- **4 Eier**
- **350 g Mehl**
- **50 g Speisestärke**
- **3 gestr. TL Backpulver**
- **125 g Macadamianüsse**
- **150 g weiße Kuvertüre**
- **Zwiebackbrösel für das Backblech**

1 Die Butter in einem Topf zum Schmelzen bringen und vom Herd nehmen. Den Zucker und nach und nach die Eier unterrühren.

2 Mehl, Speisestärke und Backpulver vermischen, auf die Buttermischung sieben und unterrühren.

3 Die Macadamianüsse und die Kuvertüre fein hacken, auf den Teig geben und unterheben.

4 Ein Backblech einfetten, Zwiebackbrösel aufstreuen, den Teig darauf geben und glatt streichen.

5 Im vorgeheizten Backofen bei 180 °C (Gas Stufe 2, Umluft 160 °C) etwa 25 Minuten backen.

Knusperkuchen

Knetteig (▸ Seite 12)

(▸ Seite 12)

Aromatisch
Gelingt leicht
1 Backblech, 30 x 40 cm

Zutaten

- **300 g Mehl**
- **2 gestr. TL Backpulver**
- **100 g Zucker**
- **1 Pck. Vanillezucker**
- **1 Prise Salz**
- **1 Ei**
- **1 EL Milch**
- **150 g kalte Butter**

Belag

- **200 g Marzipan-Rohmasse**
- **300 g Butter**
- **250 g Zucker**
- **1 Prise Salz**
- **8 Eier**
- **8 EL Mandellikör**
- **300 g gemahlene Mandeln**
- **400 g ganze, abgezogene Mandeln**

Glasur

- **6 EL Puderzucker**

1 Für den Teig Mehl und Backpulver vermischen und in eine Schüssel sieben. In die Mitte eine Vertiefung drücken.

2 Zucker, Vanillezucker, Salz, Ei und Milch in die Vertiefung geben und mit einem Teil des Mehls einen Brei bereiten.

3 Die Butter in Stückchen darauf geben und von der Mitte her alle Zutaten zu einem glatten Teig verkneten. Dann den Teig 30 Minuten kalt stellen.

4 Ein Backblech mit Backpapier belegen. Den Teig auf bemehlter Fläche ausrollen und auf das Blech geben.

5 Im vorgeheizten Backofen bei 180 °C (Gas Stufe 2, Umluft 160 °C) 10 Minuten vorbacken.

6 Für den Belag zunächst die Marzipan-Rohmasse mit Butter, Zucker und Salz schaumig rühren.

7 Die Eier trennen. Nach und nach das Eigelb einrühren und den Mandellikör zugeben.

8 Das Eiweiß steif schlagen und mit den gemahlenen Mandeln unter die Marzipanmasse ziehen.

9 Den Belag auf dem vorgebackenen Teigboden verteilen. Mit den ganzen Mandeln verzieren.

10 Im vorgeheizten Backofen bei 180 °C (Gas Stufe 2, Umluft 160 °C) 20 Minuten backen.

11 Damit die Mandeln nicht zu dunkel werden, etwa 5 Minuten vor dem Ende der Backzeit noch mit Alufolie abdecken.

12 Für die Glasur den Puderzucker in einem Topf erhitzen.

13 Den Zucker unter ständigem Rühren karamellisieren lassen, bis er goldbraun ist.

14 Etwas auskühlen lassen und 5 Esslöffel heißes Wasser einrühren. Den Mandelkuchen sofort damit glasieren.

▸ **Tipp:** Am einfachsten ist es, Marzipan-Rohmasse fertig zu kaufen. Wenn Sie Marzipan selbst herstellen und ungeschälte Mandeln verwenden, dann müssen die Mandeln nach dem Abziehen auf einem Küchentuch ausgebreitet trocknen. Am besten lassen Sie diese über Nacht völlig trocknen, da mit feuchten Mandeln Marzipan nicht gelingt.

Gewürzkuchen

Knetteig (▶ Seite 12)

Fein und würzig
Lässt sich vorbereiten
1 Backblech, 30 x 40 cm

Zutaten

- **400 g Zucker**
- **3 Eier**
- **400 g Mehl**
- **175 g Mandelstifte**
- **2 EL fein geschnittenes Zitronat**
- **1/2 TL abgeriebene, unbehandelte Zitronenschale**
- **3 TL Pfefferkuchengewürz**
- **2 TL Instant-Kaffee**
- **1 Prise Salz**
- **5 g Hirschhornsalz**

Glasur

- **400 g dunkle Kuvertüre**
- **100 g helle Kuvertüre**

1 Zucker und Eier schaumig schlagen.

2 Das Mehl sieben und mit den Mandeln, Zitronat, Zitronenschale, Pfefferkuchengewürz, Instant-Kaffee und Salz untermischen.

▶ **Tipp:** Zitronat können Sie einfach selbst herstellen. Waschen Sie eine ungespritzte Zitrone mit heißem Wasser gründlich ab – am besten bürstet man die Schale ab. Die Frucht wird geschält, die Schale in kleine Würfel geschnitten und in ein Schraubglas mit Honig gefüllt. Stellen Sie das Glas in den Kühlschrank. Ebenso können Sie natürlich Orangeat aus der Schale einer unbehandelten Orange herstellen.

3 Das Hirschhornsalz in wenig Wasser glatt rühren und ebenfalls untermischen.

4 Alles gut durchkneten. Den Teig auf einer bemehlten Fläche 1 Zentimeter dick ausrollen.

5 Ein Backblech einfetten und mit Mehl bestäuben. Den Teig darauf legen.

6 Im vorgeheizten Backofen bei 180 °C (Gas Stufe 2, Umluft 160 °C) etwa 20 Minuten backen.

7 Den Kuchen aus dem Backofen herausnehmen.

8 Für die Glasur die dunkle Kuvertüre in heißem Wasserbad schmelzen.

9 Den noch warmen Kuchen mit der dunklen Glasur gleichmäßig überziehen und dann kalt stellen.

10 Die helle Kuvertüre ebenfalls im Wasserbad schmelzen.

11 Damit feine Muster über den Kuchen ziehen und den Kuchen dann wieder kalt stellen.

12 Vor dem Servieren den Kuchen in 4 x 8 Zentimeter große Rechtecke schneiden.

▶ **Variante:** Der Kuchen schmeckt auch, wenn er mit einem dunklen Guss überzogen und mit ganzen abgezogenen, gerösteten Mandeln verziert wird. Für den Guss verrühren Sie 250 Gramm gesiebten Puderzucker und 3 gestrichene Esslöffel Kakao, 20 Gramm weiche Butter und 2 bis 3 Esslöffel heißes Wasser zu einer dickflüssigen Masse.

Honigkuchen

Rührteig (▶ Seite 13)

Aromatisch
Gelingt leicht
1 Backblech, 30 x 40 cm

Zutaten

- **250 g weiche Butter**
- **180 g Zucker**
- **1 Prise Salz**
- **4 Eier**
- **100 ml Sahne**
- **60 g flüssiger Honig**
- **125 g Mehl**
- **1 TL Backpulver**
- **150 g gemahlene Haselnüsse**
- **4 EL Rum**
- **100 g flüssiger Honig**

Dekoration

- **200 g Puderzucker**
- **2–3 EL Zitronensaft**
- **100 g ganze, geröstete Haselnüsse**

1 Für den Teig zunächst die Butter schaumig rühren.

2 Zucker und Salz mit der Butter verrühren, bis sich der Zucker aufgelöst hat.

3 Nach und nach die Eier, die Sahne und den Honig einrühren.

4 Das Mehl sieben und mit dem Backpulver und den gemahlenen Haselnüssen vermischen. Die Mehlmischung esslöffelweise unter den Teig rühren.

5 Ein Backblech mit Backpapier auslegen.

6 Den Teig auf das Backblech geben und mit einem Teigspatel oder einem breiten Messer glatt streichen.

7 Im vorgeheizten Backofen bei 180 °C (Gas Stufe 2, Umluft 160 °C) etwa 25 Minuten backen.

8 Den Kuchen herausnehmen und das Backpapier entfernen.

9 Den noch warmen Kuchen mit Rum beträufeln.

10 Den Honig aufstreichen, dann den Kuchen auskühlen lassen.

Schokolade oder Kuvertüre schmilzt schonend im Wasserbad.

▶ **Tipp:** Verzieren Sie den Kuchen für eine besondere Gelegenheit mit selbst gemachten Nusspralinen: Dafür vermischt man 60 Gramm gehackte und geröstete Haselnüsse mit 1 Esslöffel Ingwerkonfitüre und 1 Esslöffel Rum. Im Wasserbad 250 Gramm Vollmilchkuvertüre schmelzen lassen und in die Nussmasse einrühren. Alles kalt stellen. Dann 125 Gramm Zartbitter-Kuvertüre im Wasserbad schmelzen, abkühlen lassen und erneut erwärmen. Aus der Pralinenmasse kleine Kugeln formen und mithilfe einer Pralinennadel in die bittere Kuvertüre eintauchen. Die Pralinen zum Trocknen auf Alufolie setzen. Die Nusspralinen zusätzlich mit kandierten Früchten verzieren.

11 Für die Glasur den Puderzucker mit dem Zitronensaft zu einer dickflüssigen Masse verrühren.

12 Die Glasur in wellenförmigen Mustern über den Kuchen ziehen. In die Zwischenräume die gerösteten Haselnüsse setzen.

Saftiger Zitronenkuchen

Rührteig (▸ Seite 13)

(▸ Seite 13)

Aromatisch und fein
Gelingt leicht
1 ausziehbares Backblech (33–52 cm)

Zutaten

- **350 g Butter**
- **350 g Zucker**
- **6 Eier**
- **2 TL abgeriebene, unbehandelte Zitronenschale**
- **Saft von 1 Zitrone**
- **450 g Mehl**
- **50 g Speisestärke**
- **1 Pck. Backpulver**
- **50 ml Milch**
- **Saft von je 2 Zitronen und Orangen**
- **150 g Puderzucker**

1 Die Butter schaumig rühren. Nach und nach Zucker, Eier, Zitronenschale und Zitronensaft zugeben.

2 Mehl, Speisestärke und Backpulver vermischen, sieben und mit der Milch zum Teig dazugeben.

3 Einen glatten Teig bereiten. Ein Backblech einfetten, den Teig darauf geben und glatt streichen.

4 Im vorgeheizten Backofen bei 180 °C (Gas Stufe 2, Umluft 160 °C) etwa 30 Minuten backen. Den Kuchen herausnehmen und etwas auskühlen lassen.

5 Zitronen- und Orangensaft mit Puderzucker verrühren. Mit einem Holzspieß Löcher in den Kuchen stechen, den Guss auf dem Kuchen verteilen und vor dem Servieren einziehen lassen.

Omas Butterkuchen

Knetteig (▸ Seite 12)

Fein
Ganz einfach
1 Backblech, 30 x 40 cm

Zutaten

- **400 g Mehl**
- **3 gestr. TL Backpulver**
- **125 g Zucker**
- **1 Pck. Vanillezucker**
- **1 Prise Salz**
- **2 Eier**
- **3 EL Milch**
- **180 g kalte Butter**
- **150 g Butter für die Flöckchen**
- **3 EL Zucker**
- **1/2 TL gemahlener Zimt**

1 Mehl und Backpulver vermischen, sieben, in die Mitte eine Vertiefung drücken. Zucker, Vanillezucker, Salz, Eier und Milch in die Vertiefung geben, mit Mehl bedecken und daraus einen Brei herstellen.

2 Die Butter in Stücken darüber geben. Alle Zutaten von der Mitte her gut verkneten. Den Teig 30 Minuten kalt stellen.

3 Den Teig auf einer bemehlten Fläche ausrollen. Ein Backblech einfetten und den Teig auflegen.

4 Kleine Vertiefungen in die Teigplatte drücken. Die Butter in Flöckchen in die Vertiefungen setzen. Zucker und Zimt vermischen und den Teig damit bestreuen.

5 Im vorgeheizten Backofen bei 180 °C (Gas Stufe 2, Umluft 160 °C) etwa 20 Minuten backen.

Omas Geburtstagskuchen

Rührteig (▶ Seite 13)

Gelingt leicht
1 Backblech, 30 x 40 cm

Zutaten

- **150 g Butter**
- **250 g Zucker**
- **4 Eier**
- **300 g Mehl**
- **2 gestr. TL Backpulver**

Streusel

- **300 g Mehl**
- **250 g Zucker**
- **2 Pck. Vanillezucker**
- **250 g Butter**
- **2 EL Kakao**
- **2 EL Milch**

1 Für den Teig die Butter in einer Schüssel schaumig rühren. Den Zucker und die Eier einrühren.

2 Mehl und Backpulver vermischen, durchsieben und nach und nach einarbeiten. Ein Backblech mit Backpapier belegen, darauf den Teig geben und glatt streichen.

3 Für die Streusel das Mehl in eine Schüssel sieben und mit Zucker und Vanillezucker vermischen. Die Butter in Stückchen dazugeben.

4 Zur Hälfte der Mischung Kakao und Milch geben.

▶ **Tipp:** Wer noch eine Glasur will: Einfach 150 Gramm ungeschlagene Sahne mit 1 Esslöffel Zucker verrühren und den Kuchen damit übergießen.

5 Mit zwei Gabeln oder den Händen daraus jeweils Streusel bereiten und auf dem Teig verteilen.

6 Dann im vorgeheizten Backofen bei 180 °C (Gas Stufe 2, Umluft 160 °C) etwa 20 Minuten backen.

7 Den Kuchen herausnehmen und sofort das Papier abziehen.

Streuselkuchen mit Mandeln

Knetteig (▸ Seite 12)

(▸ Seite 12)

Fein
Gelingt leicht
1 Backblech, 30 x 40 cm

Zutaten

- **400 g Mehl**
- **3 gestr. TL Backpulver**
- **125 g Zucker**
- **1 TL abgeriebene, unbehandelte Zitronenschale**
- **1 Prise Salz**
- **2 Eier**
- **2 EL Milch**
- **200 g kalte Butter**
- **100 g Sahne**

Streusel

- **300 g Mehl**
- **250 g gehackte Mandeln**
- **250 g Butter**
- **250 g Zucker**

1 Für den Teig Mehl und Backpulver vermischen, in eine Schüssel sieben und in die Mitte eine Vertiefung drücken.

2 Zucker, Zitronenschale, Salz, Eier und Milch in die Vertiefung geben, mit ein wenig Mehl bedecken und daraus einen dicklichen Brei bereiten.

3 Die Butter in Stücken darauf geben, von der Mitte her alle Zutaten gut verkneten. Den Teig 30 Minuten kalt stellen.

4 Den Teig auf bemehlter Fläche ausrollen.

5 Ein Backblech einfetten, den Teig darauf geben und dann mit der Sahne bestreichen.

6 Für die Streusel Mehl, Mandeln, Butter und Zucker vermischen.

7 Mit zwei Gabeln oder den Händen daraus Streusel herstellen und auf dem Teig verteilen.

8 Im vorgeheizten Backofen bei 180 °C (Gas Stufe 2, Umluft 160 °C) etwa 25 Minuten backen.

Carolakuchen

Knetteig (▸ Seite 12)

Fein
Gelingt leicht
1 ausziehbares Backblech (33–52 cm)

Zutaten

- 500 g Mehl
- 1 Pck. Backpulver
- 175 g Butter
- 125 g Zucker
- 1 Prise Salz
- 1 TL abgeriebene, unbehandelte Orangenschale
- 2 Eier
- 3 EL Milch

Belag

- 175 g Butter
- 175 g Zucker
- 1 Pck. Vanillezucker
- 1 TL abgeriebene, unbehandelte Orangenschale
- 1 EL Speisestärke
- 150 g gehackte Mandeln

1 Mehl und Backpulver mischen, sieben. Butter, Zucker, Salz, Orangenschale, Eier und Milch verrühren, das Mehl einarbeiten.

2 Ein Backblech einfetten. Den Teig auf der bemehlten Fläche ausrollen und auf das Backblech legen. In die Teigplatte leichte Vertiefungen drücken.

3 Für den Belag die Butter zerlassen und mit Zucker, Vanillezucker, Orangenschale, Speisestärke und Mandeln vermischen.

4 Die Masse anschließend häufchenweise in die Vertiefungen geben. Im vorgeheizten Backofen bei 180 °C (Gas Stufe 2, Umluft 160 °C) etwa 25 Minuten backen.

Glasierter Wattekuchen

Biskuitteig (▸ Seite 13 f.)

Besonders locker
Für Gäste
2 Backbleche, 30 x 33 cm

Zutaten

- 8 Eier
- 250 g Zucker
- 1 Pck. Vanillezucker
- 1 Prise Salz
- 1 TL abgeriebene, unbehandelte Orangenschale
- 350 g Mehl
- 80 g Speisestärke
- 3 gestr. TL Backpulver
- 400 g Puderzucker
- 4 EL Kakao
- 80 g weiche Butter
- 150 g geraspelte Zartbitter-Schokolade

1 Eier mit Zucker, Vanillezucker, Salz und Orangenschale verrühren. Mehl, Speisestärke und Backpulver vermischen, auf die Eimasse sieben und einarbeiten.

2 Zwei Backbleche mit Backpapier auslegen. Je eine Teighälfte auf ein Blech geben und den Teig glatt streichen.

3 Im vorgeheizten Backofen bei 180 °C (Gas Stufe 2, Umluft 160 °C) etwa 12 Minuten backen.

4 Herausnehmen, Papier sofort abziehen und auskühlen lassen. Den Puderzucker sieben und mit Kakao und Butter verrühren.

5 Eine Teigplatte mit der Hälfte der Glasur bestreichen. Die andere Teigplatte darauf legen, mit der restlichen Glasur bestreichen und mit Schokolade bestreuen.

Pulsnitzer Pfefferkuchen

Knetteig (▸ Seite 12)

Würzig
Lässt sich vorbereiten
1 Backblech, 30 x 40 cm

Zutaten

- 200 g Sirup
- 350 g Zucker
- 2 EL Butter
- 4 EL Kakao
- 700 g Mehl
- 1/2 TL gemahlener Zimt
- 4 g Kardamom
- 1/2 TL abgeriebene, unbehandelte Zitronenschale
- 200 g gehackte Mandeln
- 2 EL fein geschnittenes Zitronat
- 1 Ei
- 10 g Hirschhornsalz
- 5 g Pottasche

Glasur

- 250 g Puderzucker
- 4 EL Zitronensaft

Dekoration

- Zuckerperlen

1 Sirup, Zucker und Butter in einen Topf geben und unter Rühren erhitzen.

2 Topf vom Herd nehmen und Sirup kühl stellen.

3 Kakao und Mehl vermischen, sieben und mit Zimt, Kardamom, Zitronenschale, Mandeln, Zitronat und Ei zur Sirupmasse geben.

4 Hirschhornsalz und Pottasche getrennt in wenig Wasser auflösen und ebenfalls zugeben.

5 Alles zu einem glatten Teig verkneten.

6 Den Teig mit einem Tuch bedecken und über Nacht kühl stellen.

7 Am nächsten Tag ein Backblech einfetten und mit Mehl bestäuben.

8 Den Teig auf einer bemehlten Fläche ausrollen und auf das Blech legen.

9 Im vorgeheizten Backofen dann bei 180 °C (Gas Stufe 2, Umluft 160 °C) etwa 20 Minuten backen.

10 Den Kuchen herausnehmen und auskühlen lassen.

11 Dann den Kuchen in etwa 6 x 10 Zentimeter große Rechtecke schneiden.

12 Für die Glasur Puderzucker sieben und mit Zitronensaft verrühren.

13 Die Rechtecke mit der Glasur überziehen und dann mit den Zuckerperlen verzieren.

▸ **Tipp:** Die Pfefferkuchen werden traditionell mit einem Anteil an Zuckerrübensirup als Süßmittel gebacken, das macht sie schön saftig, sodass sie lange frisch bleiben. Das würzige Aroma des Sirups verträgt sich hervorragend mit den anderen Gewürzen. Bewahren Sie die Pfefferkuchen am besten in einer mit Pergamentpapier ausgelegten Weißblechdose auf, in der sie gut durchziehen können.

▸ **Variante:** Die Pfefferkuchen sehen auch hübsch aus, wenn sie eine Schokoladenglasur erhalten. Dafür verrührt man 250 Gramm gesiebten Puderzucker mit 3 gestrichenen Esslöffeln Kakao, 20 Gramm weicher Butter und 2 bis 3 Esslöffeln heißem Wasser zu einer dickflüssigen Masse. Verzieren kann man die Pfefferkuchen mit feiner Zuckerschrift (Fertigware), goldenen und silbernen Zuckerperlen (Fertigware) und Walnusshälften.

Fruchtiger Kuchen mit Gänsefett

Rührteig (▸ Seite 13)

Fein aromatisiert
Raffiniert
1 ausziehbares Backblech (33–52 cm)

Zutaten

- 200 g Gänsefett
- 150 g Zucker
- 1 Pck. Vanillezucker
- 1 TL abgeriebene, unbehandelte Zitronenschale
- 4 Eier
- 1 Prise Salz
- 6 EL Sahne
- 4 EL Rum
- 450 g Mehl
- 50 g Speisestärke
- 1 Pck. Backpulver

Belag

- 500 g Johannisbeergelee
- 200 g geröstete Haferflocken
- 200 g gehackte Mandeln

Dekoration

- Puderzucker zum Bestäuben

1 In einer Schüssel Gänsefett, Zucker, Vanillezucker und Zitronenschale schaumig schlagen.

2 Eier, Salz, Schlagsahne und Rum unterrühren. Mehl, Speisestärke und Backpulver vermischen, sieben und einarbeiten.

3 Ein Backblech mit Backpapier belegen, den Teig darauf geben, glatt streichen.

4 Im vorgeheizten Backofen bei 180 °C (Gas Stufe 2, Umluft 160 °C) etwa 35 Minuten backen.

5 Den Kuchen herausnehmen und das Papier abziehen. Auskühlen lassen.

6 Johannisbeergelee in einem Topf erwärmen. Die gerösteten Haferflocken und die Mandeln einrühren. Die Masse auf den Kuchen streichen und mit Puderzucker bestäuben.

Buttermilchkuchen mit Kokosnuss

Rührteig (▸ Seite 13)

Fein
Gelingt leicht
1 Backblech, 30 x 40 cm

Zutaten

- 6 Eier
- 300 g Zucker
- 1 Pck. Vanillezucker
- 2 TL abgeriebene, unbehandelte Orangenschale
- 1 Prise Salz
- 1/4 l Buttermilch
- 500 g Mehl
- 1 Pck. Backpulver
- 400 g Kokosraspel
- 200 g zerlassene Butter

1 Eier, die Hälfte des Zuckers und Vanillezucker einrühren. Orangenschale, Salz und Buttermilch unterrühren.

2 Mehl und Backpulver vermischen, sieben und nach und nach einrühren.

3 Ein Backblech einfetten, Teig hineinfüllen und glatt streichen. Kokosraspel und restlichen Zucker mischen und auf dem Teig verteilen.

4 Im vorgeheizten Backofen bei 180 °C (Gas Stufe 2, Umluft 160 °C) etwa 35 Minuten backen.

5 Den Kuchen sofort mit Butter überziehen.

Schokoladenkuchen

Hefeteig (▶ Seite 12)

Fein
Gelingt leicht
1 ausziehbares Backblech
(33–52 cm)

Zutaten

- 450 g Mehl
- 25 g Hefe
- 100 g Zucker
- 200 ml lauwarme Milch
- 100 g Butter
- 30 g Butterschmalz
- 1 Ei
- 1 TL abgeriebene, unbehandelte Zitronenschale
- 1 Prise Salz
- 2 EL gemahlene Mandeln

Glasur

- 350 g Puderzucker
- 5 EL Kakao
- 2 Eier
- 100 g Kokosfett

Dekoration

- 100 g Puderzucker
- 2 TL Eiweiß

1 Das Mehl in eine Schüssel sieben, in die Mitte eine Vertiefung drücken.

2 Die Hefe mit 1 Teelöffel Zucker in 100 Milliliter Milch verquirlen, in die Vertiefung gießen. Etwas Mehl vom Rand zugeben und einen breiartigen Vorteig herstellen.

3 Den Teig zugedeckt an einem warmen Ort 15 Minuten gehen lassen.

4 Den restlichen Zucker, die Butter und Butterschmalz in Flöckchen, das Ei, Zitronenschale, Salz sowie die Mandeln auf dem Mehlrand verteilen.

5 Von der Mitte her alles zu einem geschmeidigen Teig verkneten, dabei die restliche Milch zugeben.

6 Den Teig zugedeckt an einem warmen Platz 30 Minuten gehen lassen.

7 Den Teig zusammenstoßen, durchkneten und dann auf bemehlter Fläche ausrollen.

8 Ein Backblech einfetten und den Teig auflegen.

9 Im vorgeheizten Backofen bei 180°C (Gas Stufe 2, Umluft 160°C) etwa 25 Minuten backen.

10 Den Kuchen herausnehmen und auskühlen lassen.

11 Für die Glasur Puderzucker mit dem Kakao und den Eiern verrühren.

▶ **Tipp:** Falls Sie keine Spritztüte besitzen, können Sie ganz leicht einen Ersatz selbst herstellen. Dafür benötigen Sie Butterbrotpapier oder Backpapier. Schneiden Sie ein großes Quadrat aus, das Sie zu einem Dreieck zusammenfalten. Dann rollen Sie es von einer Seitenkante aus zu einem Kegel. Schlagen Sie oben am besten einen Rand um, dann bleibt die Tüte zusammen.
Es bietet sich vor allem dann an, wenn Sie sehr selten eine Spritztüte benötigen und sich keine kaufen möchten. Und hier können Sie die Größe variieren, für sehr feine Dekorationen eignet sich eine kleinere Tüte.

12 Das Kokosfett zerlassen, ausgekühlt nach und nach unterrühren.

13 Den Kuchen damit überziehen und kalt stellen, bis die Glasur fest geworden ist.

14 Für die Dekoration den Puderzucker, das Eiweiß und 1 Teelöffel Wasser glatt rühren und in feinen Zuckerfäden über die Schokoladenglasur ziehen.

Haselnusskuchen

Rührteig (▶ Seite 13)

Fein und aromatisch
1 Backblech, 30 x 40 cm

Zutaten

- 150 g Butter
- 200 g Zucker
- 4 Eier
- 250 g gemahlene Haselnüsse
- 125 g Rosinen
- 250 g geriebene Halbbitter-Kuvertüre
- 100 g kandierter Ingwer
- 300 g Mehl
- 1 TL Backpulver
- 1/8 l Milch

Glasur

- Je 200 g weiße und Halbbitter-Kuvertüre
- 1 TL Öl

1 In einer Schüssel Butter, Zucker und Eier schaumig schlagen.

2 Haselnüsse, gewaschene und abgetropfte Rosinen, Kuvertüre und Ingwer zugeben und untermischen.

3 Mehl und Backpulver vermischen, sieben und mit der Milch einarbeiten.

4 Ein Backblech mit Backpapier belegen und den Teig darauf geben. Den Teig glatt streichen.

5 Den Haselnusskuchen im vorgeheizten Backofen bei 180 °C (Gas Stufe 2, Umluft 160 °C) etwa 25 Minuten backen.

6 Den Kuchen herausnehmen und das Papier abziehen. Auskühlen lassen.

7 Für die Glasur die weiße Kuvertüre im heißen Wasserbad zum Schmelzen bringen und den Kuchen damit bestreichen.

8 Die Halbbitter-Kuvertüre im warmen Wasserbad schmelzen, Öl unterrühren.

9 Die Kuvertüre auf eine glatte Fläche streichen und fest werden lassen.

10 Dann die feste Kuvertüre mit einem Spachtel zu Röllchen zusammenschieben und auf dem Kuchen verteilen.

Hokuspokuskuchen

Rührteig (▶ Seite 13)

Gelingt leicht
1 ausziehbares Backblech (33–52 cm)

Zutaten

- 250 g weiche Butter
- 1 Packung Grundmischung Rührteig (500 g)
- 4 Eier
- 2 EL gehackte Mandeln
- 2 EL Zucker
- 1 Msp. gemahlener Zimt
- 500 g geraspelte Möhren
- 150 g Mandelblättchen
- 50 g Butter für Flöckchen

1 Aus Butter, Backmischung, Eiern, gehackten Mandeln, Zucker und Zimt einen Teig bereiten.

2 Die Möhren unterheben, ein Backblech einfetten und den Teig aufstreichen. Die Mandelblättchen darüber verteilen und Butterflöckchen aufsetzen.

3 Im vorgeheizten Backofen bei 180 °C (Gas Stufe 2, Umluft 160 °C) etwa 30 Minuten backen.

Zwieback-Mandel-Kuchen

Knetteig (▶ Seite 12)

Aromatisch
Gelingt leicht
1 Backblech, 30 x 40 cm

Zutaten

- **400 g Mehl**
- **3 gestr. TL Backpulver**
- **125 g Zucker**
- **1 Prise Salz**
- **1 Pck. Vanillezucker**
- **1 Ei**
- **2 EL Milch**
- **175 g kalte Butter**
- **125 g Sahne**

Belag

- **300 g geriebenen Zwieback**
- **200 g gehackte Mandeln**
- **125 g Zucker**
- **1 Prise gemahlener Zimt**
- **1 TL abgeriebene, unbehandelte Orangenschale**

Dekoration

- **150 g zerlassene Butter**
- **Puderzucker**

1 Mehl und Backpulver mischen und in eine Schüssel sieben. In die Mitte eine Vertiefung drücken.

2 Zucker, Salz, Vanillezucker, Ei und die Milch hineingeben und mit einem Teil des Mehls zu einem Brei verkneten.

3 Die Butter in Stücke schneiden, auf den Brei geben und mit etwas Mehl bedecken.

4 Alle Zutaten von der Mitte her gut verkneten. Den fertigen Teig für 30 Minuten kalt stellen.

5 Ein Backblech einfetten. Den Teig auf einer bemehlten Fläche ausrollen, auf das Backblech legen und die Teigplatte dann mit der Sahne bestreichen.

6 Für den Belag Zwieback mit Mandeln, Zucker, Zimt und Orangenschale gut vermischen. Die Mischung gleichmäßig auf der Teigplatte verteilen.

7 Im vorgeheizten Backofen bei 180 °C (Gas Stufe 2, Umluft 160 °C) etwa 25 Minuten backen.

8 Den Kuchen aus dem Backofen nehmen, mit zerlassener Butter beträufeln und zum Schluss mit Puderzucker bestäuben.

Teekuchen

Biskuitteig (▶ Seite 13f.)

Aromatisch
Für Gäste
1 Backblech, 30 x 33 cm

Zutaten

- 60 g Sultaninen
- 1 EL Weinbrand
- 100 g Belegkirschen
- 50 g Walnüsse
- 50 g ganze, abgezogene Mandeln
- 75 g kandierte Früchte
- 175 g Butter
- 150 g Zucker
- 6 Eier
- Je 1 Prise Salz, Zimt und Ingwer
- 1 TL abgeriebene, unbehandelte Zitronenschale
- 250 g Mehl
- 2 EL Speisestärke
- 1 Pck. Backpulver

Dekoration

- 8 EL Weinbrand
- Hagelzucker zum Bestreuen

1 Die Sultaninen waschen, trockentupfen und mit Weinbrand beträufeln.

2 Die Belegkirschen klein hacken, Walnüsse grob zerkleinern, Mandeln halbieren. Die kandierten Früchte nach Belieben klein schneiden.

3 Die Butter mit dem Zucker in einer Schüssel schaumig schlagen. Die Eier trennen.

4 Nach und nach Eigelb, Sultaninen, Kirschen, Walnüsse, Mandeln, kandierte Früchte, Salz, Zimt, Ingwer und Zitronenschale unterrühren.

5 Mehl, Speisestärke und Backpulver vermischen, sieben und ebenfalls unterrühren.

6 Das Eiweiß steif schlagen und unterheben.

7 Ein Backblech mit Backpapier belegen, den Teig darauf geben und glatt streichen.

8 Im vorgeheizten Backofen bei 180 °C (Gas Stufe 2, Umluft 160 °C) etwa 20 Minuten backen.

9 Den Kuchen herausnehmen und das Papier abziehen. Etwas auskühlen lassen.

10 Zum Schluss den Kuchen mit dem Weinbrand beträufeln und mit Hagelzucker bestreuen.

Prasselkuchen

Hefeteig (▶ Seite 12)

Aromatisch
Klassisch
1 Backblech, 30 x 33 cm

Zutaten

- 300 g Mehl
- 20 g Hefe
- 3 EL Zucker
- 1/8 l lauwarme Milch
- 1 Msp. Salz
- 60 g Butterschmalz
- 1/2 TL abgeriebene, unbehandelte Zitronenschale

Belag

- 250 g Aprikosenkonfitüre

Streusel

- 200 g Mehl
- 180 g Zucker
- 1 Pck. Vanillezucker
- 1 kräftige Prise Zimt
- 150 g Butter

Glasur

- 150 g Puderzucker
- 2 EL Zitronensaft

1 Für den Teig das Mehl in eine Schüssel sieben und in die Mitte eine Vertiefung drücken.

2 Die Hefe mit 1 Teelöffel Zucker in der Milch verquirlen und in die Vertiefung gießen.

3 Etwas Mehl vom Rand unterrühren und einen breiartigen Vorteig herstellen.

4 Salz, das Butterschmalz in Flöckchen, den restlichen Zucker und die Zitronenschale auf dem Mehlrand anordnen.

5 Den Teig zugedeckt an einem warmen Ort 15 Minuten gehen lassen.

6 Dann die Zutaten von der Mitte her zu einem glatten Teig verkneten.

7 Den Teig zugedeckt an einen warmen Platz stellen und nochmals 30 Minuten gehen lassen.

8 Ein Backblech einfetten. Den Teig zusammenstoßen und durchkneten.

9 Den Teig auf bemehlter Fläche ausrollen und auf das Backblech geben.

10 Den Teig mehrmals mit einer Gabel einstechen und einen Rand hochziehen.

11 Die Aprikosenkonfitüre durch ein Sieb streichen und auf dem Teig verteilen.

▶ **Tipp:** Frische Hefe bewahren Sie am besten in Alufolie gewickelt im Kühlschrank auf. So bleibt sie länger frisch. Wenn Reste aufbewahrt werden, sollten sie auf jeden Fall mit dem Verfallsdatum versehen werden.
Die Hefe löst sich leichter auf, wenn sie zerbröckelt und mit lauwarmer Milch verrührt wird.

12 Für die Streusel das Mehl, den Zucker, Vanillezucker und Zimt vermischen. Die Butter in Flöckchen dazugeben.

13 Mit den Händen oder mit zwei Gabeln die Zutaten zu Streuseln verarbeiten und auf die Aprikosenkonfitüre streuen.

14 Im vorgeheizten Backofen bei 180 °C (Gas Stufe 2, Umluft 160 °C) etwa 30 Minuten backen.

15 Für die Glasur den Puderzucker mit dem Zitronensaft verrühren.

16 Den fertig gebackenen Kuchen herausnehmen und sofort mit der Glasur überziehen.

Prophetenkuchen

(▶ Foto)

Biskuitteig (▶ Seite 13 f.)

Besonders locker
Gelingt leicht
1 Backblech, 30 x 33 cm

Zutaten

- **10 Eigelb**
- **8 EL Sonnenblumenöl**
- **8 EL Weinbrand**
- **100 g Mehl**
- **1 EL Speisestärke**

Dekoration

- **50 g zerlassene Butter**
- **3 EL Zitronensaft**
- **100 g Puderzucker**

1 Das Eigelb in einer Schüssel verschlagen, das Öl und den Weinbrand unterrühren.

2 Mehl und Speisestärke durchsieben, nach und nach unterheben.

3 Ein Backblech einfetten, den Teig darauf geben und glatt streichen.

4 Im vorgeheizten Backofen bei 180 °C (Gas Stufe 2, Umluft 160 °C) etwa 15 Minuten goldbraun backen.

5 Den Kuchen herausnehmen, auskühlen lassen.

6 Den Kuchen mit zerlassener Butter bestreichen und mit Zitronensaft beträufeln. Zuletzt den Puderzucker darüber sieben. Vor dem Schneiden durchziehen lassen.

Streuselkuchen mit Sauerrahm

Quark-Öl-Teig (▶ Seite 13)

Fein
Gelingt leicht
1 ausziehbares Backblech (33–52 cm)

Zutaten

- **200 g abgetropfter Quark**
- **1/8 l Öl**
- **100 ml Milch**
- **1 Ei**
- **3 EL Zucker**
- **1 Prise Salz**
- **400 g Mehl**
- **2 gestr. TL Backpulver**

Streusel

- **250 g Butter**
- **200 g Zucker**
- **350 g Mehl**
- **2 Pck. Vanillezucker**
- **1 Prise Salz**
- **250 g saure Sahne**

Dekoration

- **Puderzucker zum Bestäuben**

1 Den Quark durch ein Sieb streichen und mit Öl, Milch, Ei, Zucker und Salz verrühren.

2 Mehl und Backpulver vermischen, durchsieben und nach und nach in die Quarkmasse einarbeiten.

3 Den Teig auf bemehlter Fläche ausrollen. Ein Backblech einfetten, den Teig auflegen.

4 Für die Streusel die Butter in Stücke schneiden und mit Zucker, Mehl, Vanillezucker, Salz und der sauren Sahne verkneten. Die Streusel auf dem Teig verteilen.

5 Im vorgeheizten Backofen bei 180 °C (Gas Stufe 2, Umluft 160 °C) etwa 25 Minuten backen. Kuchen herausnehmen, etwas auskühlen lassen und mit Puderzucker bestäuben.

Kartoffelkuchen

Hefeteig (▶ Seite 12)

Fein
Ganz einfach
1 ausziehbares Backblech (33–52 cm)

Zutaten

- **200 g Kartoffeln**
- **500 g Mehl**
- **35 g Hefe**
- **100 g Zucker**
- **1/4 l lauwarme Milch**
- **100 g Butter**
- **1 Prise Salz**
- **1 TL abgeriebene, unbehandelte Zitronenschale**
- **1 Ei**

Außerdem

- **100 g zerlassene Butter**
- **Zimtzucker zum Bestreuen**

1 Für den Teig die Kartoffeln in der Schale kochen, schälen und noch heiß durch die Kartoffelpresse drücken.

2 Dann das Mehl in eine Schüssel sieben und in die Mitte eine Vertiefung drücken.

3 Die Hefe mit 1 Teelöffel Zucker in etwas Milch verrühren, in die Vertiefung gießen, etwas Mehl vom Rand darüber geben.

4 Den Teig an einem warmen Ort zugedeckt 20 Minuten gehen lassen.

5 Auf dem Mehlrand den restlichen Zucker, die Butter in Flöckchen, Salz, Zitronenschale, das Ei und die durchgepressten Kartoffeln anordnen.

6 Von der Mitte her die Zutaten zu einem glatten, geschmeidigen Teig verkneten, dabei die restliche Milch zugeben.

7 Den Teig zugedeckt an einem warmen Platz 30 Minuten gehen lassen.

8 Den Teig nochmals durchkneten und auf bemehlter Fläche ausrollen.

9 Ein Backblech einfetten und den Teig auf das Blech legen.

10 Den Kartoffelkuchen im vorgeheizten Backofen bei 180 °C (Gas Stufe 2, Umluft 160 °C) etwa 25 Minuten backen.

11 Den Kuchen herausnehmen und sofort mit zerlassener Butter bestreichen und mit Zimtzucker bestreuen.

▶ **Variante:** Kartoffelkuchen lässt sich nicht nur mit Hefe, sondern auch mit Backpulver herstellen. Dafür werden 300 Gramm Kartoffeln gekocht, geschält und durch die Kartoffelpresse gedrückt. Dann vermischt man 175 Gramm Mehl mit 50 Gramm Stärkemehl und 2 gestrichenen Teelöffeln Backpulver und gibt es mit 100 Gramm weicher Butter, 175 Zucker, 4 Eigelb, 1 Prise Salz, 1 Teelöffel abgeriebener, unbehandelter Zitronenschale und 2 Esslöffeln geriebenen Mandeln zur Kartoffelmasse. Zuletzt 4 Eiweiß steif schlagen und unter den Teig heben. Das Backblech mit Backpapier auslegen, den Teig darauf geben und im vorgeheizten Backofen bei 200 °C (Gas Stufe 3, Umluft 180 °C) etwa 20 Minuten backen. Den Kartoffelkuchen herausnehmen und mit Puderzucker bestäuben.

Feiner Mandelkuchen

Hefeteig (▶ Seite 12)

Fein und festlich
Für Gäste
1 ausziehbares Backblech (33–52 cm)

Zutaten

- 500 g Mehl
- 100 g Zucker
- 30 g Hefe
- 1/4 l lauwarme Milch
- 80 g Butter
- 1 kräftige Prise Salz
- 2 Pck. Vanillezucker

Belag

- 250 g Butter
- 250 g Zucker
- 125 g Grieß
- 200 g geriebene Mandeln, darunter 3 bittere Mandeln
- 1 Pck. Vanillezucker
- 1 Prise Salz
- 4 Eier

Dekoration

- 2 EL Puderzucker

1 Für den Teig das Mehl in eine Schüssel sieben und in die Mitte eine Vertiefung drücken.

2 1 Teelöffel Zucker mit der Hefe in etwas Milch verquirlen und in die Vertiefung gießen. Etwas Mehl darüber stäuben.

3 Restlichen Zucker, Butter in Flöckchen, Salz und Vanillezucker auf dem Mehlrand anordnen. Zugedeckt 20 Minuten an einem warmen Ort gehen lassen.

4 Von der Mitte her die Zutaten zu einem glatten Teig verarbeiten, dabei die restliche Milch zugeben.

5 Zugedeckt an einem warmen Platz 30 Minuten gehen lassen.

6 Den Teig nochmals kurz durchkneten und auf bemehlter Fläche ausrollen.

7 Ein Backblech einfetten, den Teig auflegen. Einen Rand formen, den Teig mit einer Gabel mehrmals einstechen.

8 Für den Belag die Butter in einer Schüssel mit dem Zucker schaumig schlagen.

9 Grieß, Mandeln, Vanillezucker, Salz und die Eier einrühren. Die Masse auf dem Teig verteilen.

10 Im vorgeheizten Backofen bei 180 °C (Gas Stufe 2, Umluft 160 °C) etwa 30 Minuten backen bis der Belag goldgelb ist.

▶ **Variante:** Der Mandelkuchen schmeckt auch mit einem Marzipanbelag. 250 Gramm Marzipan-Rohmasse, 300 Gramm weiche Butter, 225 Gramm Zucker und 1 Prise Salz schaumig rühren. 8 Eier trennen. Das Eigelb zur Marzipanmasse geben und mit 6 Esslöffel Mandellikör unterrühren. Eiweiß steif schlagen und mit 300 Gramm gemahlenen Mandeln unterheben. Den Belag auf den Teig geben und 500 Gramm ganze, abgezogene Mandeln darauf anordnen. Beim Backen darauf achten, dass die Mandeln nicht zu dunkel werden. Eventuell mit Alufolie abdecken. Für die Glasur 200 g Puderzucker in einen Topf geben, einige Minuten karamellisieren, etwas auskühlen lassen, 7 Esslöffel heißes Wasser unterrühren, den Kuchen damit überziehen. Dank der vielen Mandeln und dem Karamellguss bleibt dieser Kuchen besonders lange frisch, sodass Sie ihn gut vorbereiten können.

11 Den Kuchen herausnehmen, auskühlen lassen und mit Puderzucker bestäuben.

Glasierter Makronenkuchen

Quark-Öl-Teig (▶ Seite 13)

Fein und festlich
Für Gäste
1 ausziehbares Backblech
(33–52 cm)

Zutaten

- 150 g abgetropfter Quark
- 5 EL Milch
- 8 EL Öl
- 3 El Zucker
- 1 Pck. Vanillezucker
- 1 Ei
- 1 Prise Salz
- 400 g Mehl
- 3 gestr. TL Backpulver

Belag

- 400 g Butter
- 300 g Zucker
- 400 g Kokosraspel
- 4 EL Milch

Decke

- 1 Pck. Schokoladen-Puddingpulver
- 1/2 l Milch
- 100 g Nougat
- 250 g Butter
- 50 g Kokosfett

Dekoration

- 200 g Zartbitter-Kuvertüre

1 Für den Teig zunächst den Quark durch ein feines Sieb in eine Schüssel streichen.

▶ **Tipp:** Kokosraspel sollte man dunkel und luftdicht aufbewahren, jedoch nicht zu lange lagern, denn sie enthalten reichlich Fett und werden daher leicht ranzig.

2 Milch, Öl, Zucker, Vanillezucker, Ei und Salz hinzufügen und verrühren.

3 Mehl und Backpulver vermischen, durchsieben, nach und nach unter die Quarkmasse kneten.

4 Den Teig auf bemehlter Fläche ausrollen. Ein Backblech einfetten, den Teig darauf geben.

5 Für den Belag die Butter in einem Topf zerlassen und mit dem Zucker verrühren. Die Kokosraspel und die Milch zugeben.

6 Die Masse etwas auskühlen lassen und auf dem Teig verteilen.

7 Im vorgeheizten Backofen bei 180 °C (Gas Stufe 2, Umluft 160 °C) etwa 40 Minuten backen.

8 Den Kuchen herausnehmen und auskühlen lassen.

9 Für die Decke das Puddingpulver in etwas kalter Milch glatt rühren.

10 Die restliche Milch mit dem Zucker in einem Topf zum Kochen bringen.

11 Das angerührte Puddingpulver hineingeben und unter Rühren einmal aufkochen lassen.

12 Den Topf vom Herd nehmen und den zerkleinerten Nougat einrühren.

13 So lange kalt stellen, bis der Pudding Zimmertemperatur erreicht hat. Ab und zu umrühren, damit sich keine Haut bildet.

14 Die Butter schaumig schlagen, nach und nach den Pudding einrühren. Zuletzt zerlassenes, ausgekühltes Kokosfett einrühren. Kalt stellen.

15 Die abgekühlte Creme gleichmäßig auf den Kuchen streichen.

16 Zartbitter-Kuvertüre im warmen Wasserbad schmelzen und damit dekorative Muster über die Creme ziehen.

Rosinenkuchen mit Streuseln

Hefeteig (▶ Seite 12)

Fein
Gelingt leicht
1 ausziehbares Backblech
(33–52 cm)

Zutaten

- 150 g Rosinen
- 3 EL Rum
- 30 g Hefe
- 70 g Zucker
- 1/4 l lauwarme Milch
- 500 g Mehl
- 1 Prise Salz
- 100 g Butter
- 2 EL gehackte Mandeln

Streusel

- 250 g Zucker
- 250 g Mehl
- 250 g Butterschmalz
- 2 EL Kakao

Außerdem

- 100 g zerlassene Butter

1 Die Rosinen waschen, abtropfen lassen, mit Rum begießen und zugedeckt ziehen lassen.

2 Die Hefe mit 1 Teelöffel Zucker in 1/8 Liter Milch verquirlen.

3 Das Mehl für den Teig in eine Schüssel sieben und in die Mitte eine Vertiefung drücken.

4 Die Hefemilch hineingießen, etwas Mehl vom Rand dazugeben und einen breiartigen Vorteig herstellen.

5 Den Teig zugedeckt an einem warmen Ort 20 Minuten gehen lassen.

6 Auf dem Mehlrand den restlichen Zucker, Salz, Butter, die Rosinen und die Mandeln anordnen.

7 Die Zutaten von der Mitte her zu einem geschmeidigen Teig verkneten, dabei die restliche Milch zugeben.

8 Den Teig an einem warmen Platz zugedeckt 30 Minuten gehen lassen.

9 Den Teig anschließend nochmals durchkneten und auf bemehlter Fläche ausrollen.

10 Ein Backblech einfetten, den Teig darauf geben, einen Rand hochziehen und den Teig mehrmals mit einer Gabel einstechen.

11 Für die Streusel den Zucker, das gesiebte Mehl und das Butterschmalz mit den Fingern so lange drücken und zerreiben, bis Streusel entstanden sind.

▶ **Tipp:** Wenn Sie prüfen wollen, ob die Hefe frisch ist, geben Sie ein kleines Stückchen in ein Glas mit heißem Wasser. Wenn die Hefe sofort nach oben steigt, dann ist die Treibkraft noch vorhanden. Sollten Sie einmal keine frische Hefe im Haus haben, ist Trockenhefe ein guter Ersatz aus dem Vorrat. Sie ist zudem unkompliziert in der Verwendung und erspart das erste Gehen des Teiges.

12 Die Masse halbieren und eine Hälfte mit dem Kakao mischen.

13 Mit den Händen oder mit zwei Gabeln die Massen getrennt zu Streuseln verarbeiten.

14 Die weißen und die dunklen Streusel in einem hübschen Muster auf dem Teig verteilen.

15 Im vorgeheizten Backofen bei 180 °C (Gas Stufe 2, Umluft 160 °C) etwa 25 Minuten backen.

16 Den Kuchen herausnehmen und sofort mit der zerlassenen Butter beträufeln.

Marmorierte Walnussschnitten

Rührteig (▸ Seite 13)

Fein
Gelingt leicht
1 Backblech, 30 x 40 cm

Zutaten

- **4 Eier**
- **250 g Butter**
- **100 g Zucker**
- **1 Prise Salz**
- **650 g gemahlene Walnüsse**
- **300 ml Milch**
- **150 g fein zerkleinerte Löffelbiskuits**

Glasur

- **350 g Puderzucker**
- **30 g zerlassene Butter**
- **1 EL Kakao**

Walnusspralinen

- **200 g Löffelbiskuits**
- **2 EL Kakao**
- **100 g gehackte Walnüsse**
- **3 EL Honig**

Außerdem

- **2 EL Puderzucker**
- **1 TL Kakao**

1 Für den Teig zunächst die Eier trennen.

2 Die Butter in einer Schüssel schaumig rühren.

3 Den Zucker, das Salz und das Eigelb unterrühren.

4 Die Walnüsse, die Löffelbiskuits und die Milch zugeben und untermengen.

5 Das Eiweiß steif schlagen und unterheben.

6 Ein Backblech mit Backpapier auslegen.

7 Den Teig auf das Blech geben und glatt streichen.

8 Im vorgeheizten Backofen bei 180 °C (Gas Stufe 2, Umluft 160 °C) etwa 20 Minuten backen.

9 Den Kuchen herausnehmen, etwas auskühlen lassen und das Backpapier entfernen.

10 Für die Glasur den Puderzucker mit 2 bis 3 Esslöffel Wasser und der Butter zu einer dickflüssigen Masse verrühren.

11 Die Hälfte der Glasur mit dem Kakao vermischen.

12 Wenn nötig, noch etwas Wasser zugeben.

13 Den Kuchen mit der hellen Glasur überziehen. Sofort mit dem dunklen Guss Kleckse darauf geben.

14 Mit einer Gabel die Güsse spiralförmig ineinander ziehen, sodass ein Marmormuster entsteht.

15 Sobald die Glasur fest geworden ist, den Kuchen in Schnitten schneiden.

16 Für die Walnusspralinen die Löffelbiskuits zerkrümeln.

17 Die Biskuitkrümel mit Kakao, Walnüssen und Honig vermischen.

18 Aus der Masse kleine Kugeln formen.

19 Den Puderzucker mit dem Kakao vermischen. Jede Praline einzeln darin wälzen.

20 Zum Schluss die Schnitten mit Walnusspralinen dekorieren.

▸ **Tipp:** Wenn Sie Biskuit backen, sollten Sie Teigreste in jedem Fall aufheben und trocknen lassen. Als Brösel oder gemahlen werden sie gut verschlossen aufbewahrt. So haben Sie immer einen Vorrat im Haus, wenn Sie Löffelbiskuits für ein Rezept benötigen.

Rosenkuchen

Hefeteig (▸ Seite 12)

Aromatisch und fein
Für Gäste
1 Backblech, 30 x 40 cm

Zutaten

- **500 g Mehl**
- **30 g Hefe**
- **100 g Zucker**
- **200 ml lauwarme Milch**
- **1 Ei**
- **125 g Butter**
- **1/2 TL abgeriebene, unbehandelte Zitronenschale**

Füllung

- **125 g Rosinen**
- **100 g Korinthen**
- **100 g weiche Butter**
- **125 g Zucker**
- **2 Pck. Vanillezucker**
- **250 g gehackte Mandeln**
- **Etwas Milch zum Bestreichen**

Glasur

- **150 g Johannisbeergelee**

1 Für den Teig das Mehl in eine Schüssel sieben und in die Mitte eine Vertiefung drücken.

2 Die Hefe mit 1 Teelöffel Zucker in 100 Milliliter Milch verquirlen, in die Vertiefung gießen, etwas Mehl vom Rand zufügen und einen breiartigen Vorteig herstellen.

3 Den Teig zugedeckt an einem warmen Ort 20 Minuten gehen lassen.

4 Den restlichen Zucker, das Ei, die Butter in Flöckchen und die Zitronenschale auf den Mehlrand geben.

5 Von der Mitte her die Zutaten verkneten, dabei die restliche Milch zugeben. Den Teig so lange kneten, bis er sich vom Schüsselrand löst.

6 Den Teig zudecken und an einem warmen Platz 30 Minuten gehen lassen.

7 Für die Füllung Rosinen und Korinthen waschen und abtropfen lassen.

8 Den Teig durchkneten, auf bemehlter Fläche zu einem Rechteck ausrollen und mit Butter bestreichen.

9 Zucker, Vanillezucker, Mandeln, Rosinen und Korinthen darauf verteilen.

10 Die Teigplatte von der Längsseite her aufrollen und in 1 1/2 Zentimeter dicke Scheiben schneiden.

11 Ein Backblech einfetten. Die Scheiben mit der Schnittfläche nach oben nebeneinander setzen, mit Milch bestreichen und 15 Minuten gehen lassen.

12 Im vorgeheizten Backofen bei 180 °C (Gas Stufe 2, Umluft 160 °C) etwa 35 Minuten backen.

13 Die Scheiben herausnehmen und mit dem leicht erwärmten Johannisbeergelee überziehen.

▶ **Variante:** Für eine andere Füllung verrührt man 200 Gramm ausgepressten Quark, 2 Esslöffel Zucker, 1/2 Teelöffel abgeriebene, unbehandelte Zitronenschale, 1 Eigelb, 1 Esslöffel Mehl, 100 Gramm getrocknete, fein geschnittene Aprikosen. 1 Eiweiß mit 1 Prise Salz steif schlagen und unter die Quarkmasse heben. Auf den ausgerollten Teig 4 Esslöffel Hagebuttenkonfitüre streichen, die Quarkmasse darüber geben. Die Teigplatte aufrollen.

Eierlikörkuchen

Rührteig (▸ Seite 13)

Fein aromatisiert
Gelingt leicht
1 Backblech, 30 x 40 cm

Zutaten

- 5 Eier
- 125 g Butter
- 1/4 l Eierlikör
- 300 g Mehl
- 1 Pck. Vanille-Puddingpulver
- 2 TL Backpulver
- 250 g Puderzucker
- 80 g zerlassene Butter
- 125 g Puderzucker

1 Die Eier trennen. Die Butter in eine Schüssel geben und schaumig schlagen.

2 Eigelb und Eierlikör unterschlagen.

3 Das Mehl sieben, mit dem Puddingpulver und dem Backpulver vermischen und nach und nach mit dem Puderzucker unterrühren.

4 Das Eiweiß steif schlagen und unter den Teig heben.

5 Ein Backblech mit Backpapier auslegen, den Teig darauf geben und glatt streichen.

6 Im vorgeheizten Backofen bei 160 °C (Gas Stufe 1–2, Umluft 140 °C) etwa 30 Minuten backen.

7 Herausnehmen, etwas auskühlen lassen, das Backpapier entfernen.

8 Den Kuchen mit zerlassener Butter bepinseln und mit Puderzucker bestäuben.

Butterkuchen

Rührteig (▸ Seite 13)

Fein und fruchtig
Gelingt leicht
1 ausziehbares Backblech (33–52 cm)

Zutaten

- 225 g weiche Butter
- 180 g Zucker
- 1 Pck. Vanillezucker
- 1 TL abgeriebene, unbehandelte Zitronenschale
- 4 Eier
- 1 Prise Salz
- 400 g Mehl
- 50 g Speisestärke
- 1 Pck. Backpulver
- 6 EL Sahne
- 4 EL Rum

Glasur

- 200 g Johannisbeergelee
- 2 EL Obstgeist
- 200 g geröstete Kokosflocken

1 Butter schaumig schlagen. Zucker, Vanillezucker, Zitronenschale, Eier und Salz unterrühren.

2 Mehl, Speisestärke und Backpulver vermischen, sieben und mit der Sahne und dem Rum einrühren. Ein Backblech mit Backpapier auslegen, den Teig darauf geben, glatt streichen.

3 Im vorgeheizten Backofen bei 180 °C (Gas Stufe 2, Umluft 160 °C) etwa 30 Minuten backen. Herausnehmen, auskühlen lassen.

4 Das Johannisbeergelee leicht erwärmen, den Obstgeist unterrühren, den Kuchen damit bestreichen. Die Kokosflocken aufstreuen.

Bienenstich

Hefeteig (▶ Seite 12)

Fein
Gelingt leicht
1 ausziehbares Backblech
(33–52 cm)

Zutaten

- **500 g Mehl**
- **30 g Hefe**
- **100 g Zucker**
- **1/4 l lauwarme Milch**
- **1 Prise Salz**
- **80 g Butter**
- **1 Pck. Vanillezucker**

Belag

- **250 g Butter**
- **250 g Zucker**
- **300 g gehackte Mandeln**
- **2 Eier**
- **3 EL Milch**
- **1 Prise Salz**

1 Das Mehl in eine Schüssel sieben, in die Mitte eine Vertiefung drücken.

2 Die Hefe mit 1 Teelöffel Zucker und 1/8 Liter Milch verrühren und in die Vertiefung gießen.

3 Etwas Mehl vom Rand zugeben und einen breiartigen Vorteig herstellen. Den restlichen Zucker, Salz, die Butter in Flöckchen und den Vanillezucker auf dem Mehlrand anordnen.

4 Den Teig zugedeckt an einem warmen Ort 20 Minuten gehen lassen.

5 Die Zutaten von der Mitte her kräftig verkneten, dabei die restliche Milch zufügen.

6 Den Teig nochmals zudecken, an einen warmen Platz stellen und 30 Minuten gehen lassen.

7 Inzwischen für den Belag in einem Topf Butter und Zucker auf kleiner Flamme erhitzen.

8 Kurz aufwallen lassen und den Topf vom Herd nehmen.

9 Die Mandeln einrühren. Die Masse etwas auskühlen lassen.

10 Dann Eier, Milch und eine Prise Salz in die Masse rühren.

11 Den Teig zusammenstoßen, nochmals durchkneten und auf bemehlter Fläche ausrollen.

12 Ein Backblech einfetten und den Teig darauf geben.

13 Den Teig mit den Fingerspitzen in die Ecken drücken und einen kleinen Rand hochziehen.

14 Den Teig anschließend mit einer Gabel mehrmals einstechen.

15 Die Mandelmasse auf den Teig streichen und bei 180 °C (Gas Stufe 2, Umluft 160 °C) etwa 25 Minuten backen.

▶ **Variante:** Anstelle von Hefeteig kann man für den Bienenstich einen Quark-Öl-Teig bereiten. Dafür verrührt man 200 Gramm ausgepressten Quark und 8 Esslöffel Milch, 8 Esslöffel Öl, 4 Esslöffel Zucker, 1 Prise Salz, vermengt 400 Gramm Mehl mit 1 Päckchen Backpulver und arbeitet es unter den Teig. Gut verkneten.

Gefüllter Bienenstich

Hefeteig (▸ Seite 12)

Besonders fein
Braucht etwas Zeit
1 Backblech, 30 x 40 cm

Zutaten

- 500 g Mehl
- 30 g Hefe
- 100 g Zucker
- 1/4 l lauwarme Milch
- 1 TL abgeriebene, unbehandelte Zitronenschale
- 100 g weiche Butter
- 1 Ei

Belag

- 200 g Butter
- 200 g Zucker
- 2 EL Sahne
- 250 g Mandelblättchen

Füllung

- 2 Pck. Vanille-Puddingpulver
- 1/2 l kalte Milch
- 400 g Sahne
- 2 EL Zucker
- 4 EL Mandellikör
- 200 g Aprikosenkonfitüre

▸ **Tipp:** Wer auf den Alkohol lieber verzichtet, kann den Mandellikör natürlich weglassen. Ersetzen Sie den Alkohol durch Kokosmilch oder einen Fruchtsaft, der zu den Zutaten passt.

1 Für den Teig das Mehl in eine Schüssel sieben und in die Mitte eine Vertiefung drücken.

2 Die Hefe mit 1 Teelöffel Zucker in etwas Milch verquirlen, in die Vertiefung gießen und etwas Mehl darüber geben.

3 Den Teig zugedeckt 20 Minuten an einem warmen Ort gehen lassen.

4 Zitronenschale, restlichen Zucker, die Butter in Flöckchen und das Ei auf dem Mehlrand anordnen.

5 Von der Mitte her die Zutaten zu einem geschmeidigen Teig verkneten, dabei die restliche Milch zugeben.

6 Den Teig 30 Minuten zugedeckt an einem warmen Ort gehen lassen.

7 Für den Belag in einem Topf Butter, Zucker und Sahne zum Kochen bringen. Den Topf vom Herd nehmen. Die Mandeln einrühren und kühl stellen.

8 Den Teig auf bemehlter Fläche ausrollen. Ein Backblech einfetten, den Teig darauf geben, einen Rand hochziehen und den Teig mit einer Gabel mehrmals einstechen.

9 Den Belag auf den Teig streichen. Im vorgeheizten Backofen bei 180 °C (Gas Stufe 2, Umluft 160 °C) 35 Minuten backen.

10 Für die Füllung das Puddingpulver mit etwas Milch glatt rühren.

11 Die restliche Milch mit der Schlagsahne und dem Zucker in einem Topf zum Kochen bringen.

12 Das angerührte Puddingpulver unterschlagen, zum Kochen bringen und einige Male aufwallen lassen. Den Likör einrühren und kalt stellen.

13 Den Kuchen auskühlen lassen und mit einem breiten Messer waagerecht durchschneiden, sodass zwei Teigplatten entstehen.

14 Die Aprikosenkonfitüre leicht erwärmen und auf den unteren Boden streichen. Darauf die Creme gleichmäßig verteilen und die Teigplatte mit dem Mandelbelag obenauf legen. Dann den Kuchen kalt stellen.

Walnusskuchen

Hefeteig (▸ Seite 12)

Aromatisch und fein
Für Gäste
1 Backblech, 30 x 40 cm

Zutaten

- **450 g Mehl**
- **25 g Hefe**
- **100 g Zucker**
- **200 ml lauwarme Milch**
- **1 Ei**
- **1/2 TL abgeriebene, unbehandelte Zitronenschale**

Belag

- **200 g Walnusskerne**
- **150 g gemahlene Haselnüsse**
- **125 g Zucker**
- **375 g Schmand**
- **1 EL Speisestärke**
- **1 Pck. Vanillezucker**
- **1 EL Zucker**
- **80 g Butter in Flocken**

Glasur

- **400 g Aprikosenkonfitüre**
- **6 EL Rum**

1 Für den Teig das Mehl in eine Schüssel sieben und in die Mitte eine Vertiefung drücken.

2 Die Hefe mit 1 Teelöffel Zucker in 100 Milliliter Milch verrühren, in die Vertiefung gießen, etwas Mehl vom Rand zufügen und zu einem breiartigen Vorteig verrühren.

3 Den Teig zugedeckt an einem warmen Ort 20 Minuten gehen lassen.

4 Auf dem Mehlrand den restlichen Zucker, das Ei und die Zitronenschale anordnen.

5 Von der Mitte her die Zutaten zu einem glatten, geschmeidigen Teig verkneten, dabei die restliche Milch zufügen.

6 Den Teig zudecken und an einem warmen Ort 30 Minuten gehen lassen.

7 Inzwischen für den Belag die Walnusskerne zerkleinern und dann mit den Haselnüssen und dem Zucker vermischen.

8 Den Schmand mit der Speisestärke, dem Vanillezucker und dem Zucker verrühren.

9 Den Teig gut durchkneten und auf bemehlter Fläche ausrollen.

10 Ein Backblech einfetten und den Teig darauf legen.

11 Einen Rand hochziehen und dann den Teig mit einer Gabel mehrmals einstechen.

12 Den Schmand auf den Teig streichen und den Nussbelag aufstreuen.

13 Zum Schluss Butterflöckchen auf dem Belag verteilen.

14 Im vorgeheizten Backofen bei 180 °C (Gas Stufe 2, Umluft 160 °C) etwa 30 Minuten backen.

15 Den Kuchen herausnehmen und etwas auskühlen lassen.

16 Für die Glasur die Aprikosenkonfitüre durch ein Sieb streichen.

17 Die Aprikosenkonfitüre in einem Topf leicht erwärmen und mit dem Rum vermischen.

18 Den noch lauwarmen Kuchen sofort mit der Glasur überziehen.

Zuckerkuchen mit Haselnüssen

Hefeteig (▶ Seite 12)

Fein
Gelingt leicht
1 ausziehbares Backblech (33–52 cm)

Zutaten

- **500 g Mehl**
- **30 g Hefe**
- **1 EL Zucker**
- **1/4 l lauwarme Milch**
- **1 Prise Salz**
- **1/2 TL abgeriebene, unbehandelte Zitronenschale**

Belag

- **200 g Zucker**
- **150 g gehackte Haselnusskerne**
- **200 g Butter**

1 Das Mehl in eine Schüssel sieben, in die Mitte eine Vertiefung drücken.

2 Die Hefe und den Zucker in 1/8 Liter Milch verrühren und in die Vertiefung gießen.

▶ **Tipp:** Meist kann man die Hasselnüsse bereits gehackt kaufen. Sollten Sie ganze Nüsse selbst hacken, dann bestreuen Sie diese vorher mit etwas Zucker. Dann springen die Nüsse nicht so leicht vom Brett.

3 Etwas Mehl vom Rand dazugeben und einen breiartigen Vorteig herstellen.

4 Den Teig zugedeckt an einem warmen Ort 20 Minuten gehen lassen.

5 Auf dem Mehlrand das Salz und die Zitronenschale anordnen.

6 Alle Zutaten gut miteinander verkneten, dabei die restliche Milch zufügen.

7 Den Teig an einem warmen Platz zugedeckt 30 Minuten gehen lassen.

8 Den Teig zusammenstoßen, durchkneten und auf bemehlter Fläche ausrollen.

9 Ein Backblech einfetten, den Teig auflegen und einen Rand hochziehen. Den Teig mit einer Gabel mehrmals einstechen.

10 Den Zucker und die Haselnüsse auf den Teig streuen und die Butter in Flöckchen aufsetzen.

▶ **Variante:** Zuckerkuchen schmeckt auch köstlich, wenn er aus einem Quark-Öl-Teig bereitet wird. Dafür verrührt man 200 Gramm gut ausgepressten Quark und 8 Esslöffel Milch, 8 Esslöffel Öl, 100 Gramm Zucker, 1 Päckchen Vanillezucker und 1 Prise Salz. Man vermischt 400 Gramm Mehl mit 1 Päckchen Backpulver und arbeitet es unter den Teig. Nach Belieben kann man 2 bis 3 Esslöffel Rosinen unterkneten.

11 Den Kuchen nochmals 10 Minuten gehen lassen.

12 In den vorgeheizten Backofen schieben und bei 180 °C (Gas Stufe 2, Umluft 160 °C) etwa 25 Minuten backen.

Nusskuchen mit Schokoladendecke

Quark-Öl-Teig (► Seite 13)

Gelingt leicht
Festlich für Gäste
1 Backblech, 30 x 40 cm

Zutaten

- 175 g abgetropfter Quark
- 1 Ei
- 5 EL Milch
- 8 EL Öl
- 4 EL Zucker
- 1 Pck. Vanillezucker
- 1 Prise Salz
- 350 g Mehl
- 3 gestr. TL Backpulver

Belag

- 300 g Butter
- 250 g Zucker
- 300 g gehackte Haselnüsse
- 2 Eier
- 4 EL Milch

Guss

- 250 g weiße Kuvertüre

Dekoration

- 2–3 frisch gepflückte, unbehandelte Rosenblüten
- 1 Eiweiß
- Feiner Zucker zum Bestreuen

1 Den Quark durchs Sieb in eine Schüssel streichen. Ei, Milch, Öl, Zucker, Vanillezucker und Salz zugeben, mit dem Quark verrühren.

2 Mehl und Backpulver vermischen, durchsieben und nach und zur Quarkmasse geben.

3 Den Teig gut verkneten und auf bemehlter Fläche ausrollen.

4 Ein Backblech einfetten und den Teig auf das Blech geben.

5 Für den Belag die Butter in einem Topf erhitzen, dann Zucker und Haselnüsse dazu geben.

6 Einige Male aufwallen lassen und den Topf vom Herd nehmen.

7 Die Masse etwas auskühlen lassen, dann die Eier und die Milch einrühren, Die Masse auf dem Teig verteilen.

8 Im vorgeheizten Backofen bei 180 °C (Gas Stufe 2, Umluft 160 °C) etwa 35 Minuten backen.

9 Den Kuchen herausnehmen und auskühlen lassen.

10 Für den Guss die Kuvertüre im Wasserbad schmelzen, abkühlen lassen und erneut erwärmen.

11 Den Guss auf den Kuchen streichen.

12 Die Blütenblätter kandieren (► Seite 15) und den Kuchen damit hübsch dekorieren.

► **Variante:** Bedecken Sie den Nusskuchen statt mit weißer Kuvertüre und Rosenblättern doch einmal mit einer dunklen Schokoladendecke: Dafür 1 Päckchen Puddingpulver Schokoladengeschmack mit 1/2 Liter Milch nach Packungsvorschrift kochen. 80 Gramm Zartbitter-Schokolade in feine Stückchen hacken und sorgfältig in den noch warmen Pudding rühren. Den Pudding so lange kalt stellen, bis er ungefähr Zimmertemperatur erreicht hat. Während des Abkühlens ab und zu umrühren, damit sich keine Haut bildet.
250 Gramm Butter schaumig schlagen, nach und nach den Pudding einrühren.
Zuletzt 50 Gramm zerlassenes und wieder abgekühltes Kokosfett einrüh- ren. Die Creme auf den Kuchen streichen und mit geschmolzener Zartbitter-Kuvertüre dekorieren.

Gefüllter Nusskuchen

Quark-Öl-Teig (▸ Seite 13)

Fein und festlich
Für Gäste
1 ausziehbares Backblech
(33–52 cm)

Zutaten

- 200 g abgetropfter Quark
- 1 Ei
- 6 EL Milch
- 8 EL Öl
- 3 EL Zucker
- 1/2 TL abgeriebene, unbehandelte Zitronenschale
- 1 Prise Salz
- 450 g Mehl
- 3 gestr. TL Backpulver

Belag

- 200 g Butter
- 200 g Zucker
- 250 g gemahlene Haselnüsse
- 2 Eier

Decke

- 300 g TK-Blätterteig

▸ **Tipp:** Jedes geschmacksneutrale Speiseöl ist für den Quark-Öl-Teig geeignet. Der Quark sollte bei der Verarbeitung sehr trocken sein. Lassen Sie ihn deshalb in einem Haarsieb gut abtropfen oder pressen Sie ihn mit einem Küchenhandtuch aus.

Füllung

- 1 Pck. Vanille-Puddingpulver
- 1/2 l Milch
- 3 EL Zucker
- 250 g weiche Butter

Dekoration

- Puderzucker zum Bestäuben

1 Für den Teig den Quark durch ein Sieb in eine Schüssel streichen.

2 Den Quark mit Ei, Milch, Öl, Zucker, Zitronenschale und Salz verrühren.

3 Mehl und Backpulver vermischen und durchsieben. Nach und nach in die Quarkmasse einarbeiten.

4 Den Teig gut durchkneten und auf bemehlter Fläche ausrollen.

5 Ein Backblech einfetten, den Teig darauf geben.

6 Für den Belag die Butter in einem Topf erhitzen. Den Zucker und die Haselnüsse einrühren.

7 Topf vom Herd nehmen, etwas auskühlen lassen, Eier einrühren. Die Masse auf den Teig streichen.

8 Im vorgeheizten Backofen bei 180 °C (Gas Stufe 2, Umluft 160 °C) etwa 35 Minuten backen. Den Kuchen herausnehmen und auskühlen lassen.

9 Den Blätterteig für die Decke auftauen lassen.

10 Für die Füllung das Puddingpulver in etwas kalter Milch verquirlen.

11 Die restliche Milch mit dem Zucker in einem Topf zum Kochen bringen

12 Das angerührte Puddingpulver hineingeben und unter Rühren aufkochen lassen.

13 Den Topf vom Herd nehmen, den Pudding auf Zimmertemperatur abkühlen lassen.

14 Den Pudding ab und zu umrühren, damit sich keine Haut bildet.

15 Die Butter schaumig schlagen, nach und nach die Puddingmasse einrühren und kalt stellen.

16 Den aufgetauten Blätterteig auf bemehlter Fläche ausrollen.

17 Ein Backblech mit kaltem Wasser abspülen und den Teig darauf geben. Anschließend den Teig mehrmals mit einer Gabel einstechen.

18 Im vorgeheizten Backofen bei 180 °C (Gas Stufe 2, Umluft 160 °C) etwa 10 Minuten backen. Herausnehmen, auf ein Kuchengitter setzen und auskühlen lassen.

19 Die Creme gleichmäßig auf den Nusskuchen streichen und die Blätterteigdecke darauf setzen. Den Kuchen mit Puderzucker bestäuben.

Hirschhornkuchen

Rührteig (▶ Seite 13)

Fein
Gelingt leicht
1 Backblech, 30 x 40 cm

Zutaten

- **200 g weiche Butter**
- **150 g Zucker**
- **2 Pck. Vanillezucker**
- **2 Eier**
- **1 TL Hirschhornsalz**
- **125 g Sahne**
- **350 g Mehl**
- **50 g Speisestärke**
- **60 g zerlassene Butter zum Bestreichen**

Guss

- **250 g Puderzucker**
- **3 EL Kakao**
- **1 EL weiche Butter**

1 Für den Teig die Butter in eine Schüssel geben und zusammen mit Zucker, Vanillezucker und den Eiern schaumig rühren.

2 Das Hirschhornsalz in der Sahne glatt rühren und dann in die Buttermasse einrühren.

3 Mehl und Speisestärke durchsieben und nach und nach in die Buttermasse einarbeiten, sodass ein zäher Teig entsteht.

4 Den Teig auf bemehlter Fläche ausrollen.

5 Ein Backblech einfetten. Den Teig darauf geben und mit der flüssigen Butter bestreichen.

6 Den Hirschhornkuchen im vorgeheizten Backofen bei 180 °C (Gas Stufe 2, Umluft 160 °C) etwa 20 Minuten backen.

7 Den Kuchen aus dem Backofen herausnehmen und auskühlen lassen.

8 Für den Guss Puderzucker und Kakao vermischen und durchsieben.

9 2 bis 3 Esslöffel heißes Wasser zugeben und zu einer dickflüssigen Masse verrühren. Dann die Butter unterrühren.

10 Den Guss sofort auf dem Hirschhornkuchen verteilen.

▶ **Variante:** Hirschhornkuchen schmeckt auch aus dunklem Teig. Dafür gibt man zur Teigmenge noch 1 Esslöffel Zucker und 3 Esslöffel Kakao.
Anstelle des Schokoladenüberzugs kann man außerdem einen hellen Guss herstellen. Dafür nimmt man 250 g Puderzucker, 4 Esslöffel Zitronensaft und 1 Teelöffel weiche Butter.

Saftige Blechkuchen

Starten Sie frühlingsfrisch mit Rhabarber oder Erdbeeren in die Saison – oder belegen Sie Ihren Kuchen sommerlich mit Aprikosen und Kirschen. Saftig und aromatisch wird es im Spätsommer mit fruchtigen Kuchen aus Zwetschgen, Äpfeln, Birnen, Kürbis oder Quitten. Üppig und voller Raffinesse sind dagegen die sahnig-cremigen Blechkuchen mit Quark, Schmand und Sahne oder Mohn.

Großmutters Apfelkuchen

Knetteig (▶ Seite 12)

Saftig, fein und aromatisch
Für Gäste
1 Backblech, 30 x 33 cm

Zutaten

- **450 g Mehl**
- **3 TL Backpulver**
- **100 g Zucker**
- **1 Pck. Vanillezucker**
- **1/2 TL abgeriebene, unbehandelte Zitronenschale**
- **1 Ei**
- **8 EL Milch**
- **1 Prise Salz**
- **150 g kalte Butter**

Füllung

- **2 kg Äpfel**
- **100 g Korinthen**
- **100 g Zucker**
- **6 EL Weißwein**
- **50 g gehackte Mandeln**

Guss

- **200 g Puderzucker**
- **3 EL Zitronensaft**
- **1 TL weiche Butter**

1 Für den Teig Mehl und Backpulver vermischen und in eine Schüssel sieben. In die Mitte eine Vertiefung drücken.

2 Zucker, Vanillezucker, Zitronenschale, Ei, Milch und Salz in die Vertiefung geben und einen dicken Brei herstellen.

3 Darauf die in Stücke geschnittene kalte Butter geben und mit etwas Mehl bedecken.

4 Die Zutaten von der Mitte her zu einem glatten Teig verkneten.

5 Ein Backblech einfetten. Die Hälfte des Teiges auf bemehlter Fläche ausrollen und auf das Backblech legen.

6 Den restlichen Teig für die Decke ebenfalls auf bemehlter Fläche ausrollen.

7 Für die Füllung die Äpfel schälen und in Spalten schneiden, dabei das Kernhaus entfernen.

8 Die Korinthen waschen und abtropfen lassen.

▶ **Tipp:** Benötigen Sie nur wenig Saft einer Zitrusfrucht, dann stechen Sie die Frucht mit einer Stricknadel oder einem Spieß nur an und pressen die benötigte Menge Saft heraus. Die Frucht trocknet dann nicht so schnell aus und kann weiter aufbewahrt werden.

9 Die Apfelspalten in einen Topf geben, Zucker und Korinthen zufügen, Weißwein dazugeben und 5 Minuten köcheln lassen.

10 Die Mandeln einrühren und die Füllung auskühlen lassen.

11 Die Apfelmasse auf dem Teig verteilen. Die Teigdecke auflegen.

12 Im vorgeheizten Backofen bei 180 °C (Gas Stufe 2, Umluft 160 °C) etwa 35 Minuten backen.

13 Den Kuchen herausnehmen und auskühlen lassen.

14 Für den Guss den Puderzucker sieben und mit Zitronensaft und Butter verrühren. Den Kuchen damit bestreichen.

Blechkuchen mit Weintrauben

Knetteig (▸ Seite 12)

Fein und saftig
Für Gäste
1 ausziehbares Backblech
(33–52 cm)

Zutaten

- 500 g Mehl
- 1 gestr. TL Backpulver
- 150 g Zucker
- 1 Pck. Vanillezucker
- 1 Prise Salz
- 2 Eier
- 250 g kalte Butter

Belag

- 1 1/2 kg Weintrauben
- 125 g gemahlene Haselnüsse

Guss

- 250 g Schmand
- 4 Eier
- 2 EL Zucker
- 1 TL Speisestärke

▸ **Tipp:** Weintrauben werden im Sommer in großer Vielfalt angeboten. Die Haupterntezeit ist von August bis Oktober. Neben blauen, gelben und grünen Trauben gibt es Datteltrauben mit großen Beeren und fester Schale sowie Muskattrauben. Für den Kuchen eignen sich kernlose Trauben am besten.

Dekoration

- Puderzucker zum Bestäuben

1 Für den Teig Mehl und Backpulver vermischen, in eine Schüssel sieben und in die Mitte eine Vertiefung drücken.

2 Zucker, Vanillezucker, Salz und Eier in die Vertiefung geben, mit Mehl bedecken und einen dicklichen Brei herstellen.

3 Darauf die Butter in Stücken geben und von der Mitte her alle Zutaten zu einem glatten, geschmeidigen Teig verkneten.

4 Den Teig für 30 Minuten kalt stellen.

5 Den Teig auf bemehlter Fläche ausrollen.

6 Ein Backblech einfetten, den Teig auflegen und einen Rand hochziehen.

7 Die Weintrauben sorgfältig waschen, von den Stielen zupfen und gut abtropfen lassen.

8 Die Haselnüsse auf die Teigplatte streuen und die Weintrauben darauf anordnen.

9 Für den Guss Schmand, Eier, Zucker und Speisestärke verrühren und über die Trauben gießen.

10 Im vorgeheizten Backofen bei 180 °C (Gas Stufe 2, Umluft 160 °C) etwa 40 Minuten backen, bis der Guss fest geworden ist.

11 Den Kuchen herausnehmen, auskühlen lassen und vor dem Servieren mit Puderzucker bestäuben.

▸ **Tipp:** Der Kuchen schmeckt besonders gut, wenn er über Nacht durchziehen kann.

Aprikosenkuchen

Rührteig (▶ Seite 13)

Beliebt, fein und aromatisch
Gelingt leicht
1 ausziehbares Backblech (33–52 cm)

Zutaten

- **250 g Zucker**
- **250 g Butter**
- **6 EL Sahne**
- **1 Prise Salz**
- **6 Eier**
- **500 g Mehl**
- **2 gestr. TL Backpulver**

Belag

- **1 1/2 kg Aprikosen**
- **Würfelzucker (1 Stück pro Aprikose)**
- **4 EL Rum**
- **250 g Mandelstifte**

Dekoration

- **Puderzucker zum Bestäuben**

1 Zunächst eine kleine Menge Karamell herstellen. Dafür in einem Topf 2 Esslöffel Zucker erhitzen und unter ständigem Rühren karamellisieren, bis er goldbraun ist.

▶ **Tipp:** Nehmen Sie vorzugsweise kleine Aprikosen, dann bekommt der Kuchen eine gleichmäßige Höhe, und die Früchte ragen nicht zu sehr aus dem Teig heraus.

2 1 Esslöffel Butter und die Sahne zufügen und erhitzen, bis der Karamell geschmolzen ist. Die Masse auskühlen lassen.

3 Den restlichen Zucker und die restliche Butter schaumig schlagen.

4 Salz, Eier und den Karamell unterrühren.

5 Mehl und Backpulver vermischen, sieben und untermischen.

6 Für den Belag die Aprikosen waschen, aufschneiden und entsteinen.

7 Den Würfelzucker mit Rum beträufeln.

8 Jeweils ein Zuckerstück in die Aprikosen stecken.

9 Ein Backblech mit Backpapier belegen, den Teig darauf geben und glatt streichen.

10 Den Teig mit der Hälfte der Mandelstifte bedecken und die Aprikosen aufsetzen.

▶ **Variante:** Reichen Sie zu diesem Kuchen Sahne oder eine hauchzarte Sauce. Dafür werden 3 Eigelb mit 50 Gramm Zucker cremig geschlagen. Dann verrührt man 1 Teelöffel Speisestärke in 1/4 Liter Milch. 1/2 Vanilleschote aufschneiden und das Mark herauskratzen. Man gibt Mark und Schote zur Milch, lässt alles unter Rühren aufkochen, entfernt die Vanilleschote und rührt die Milch esslöffelweise unter die Eigelbmasse. Danach wird die Masse bei geringer Hitze erwärmt, bis die Sauce eine sämige Konsistenz hat. Nicht kochen lassen, sonst gerinnt das Eigelb! Die Sauce auskühlen lassen, dabei hin und wieder umrühren.

11 Darüber die restlichen Mandelstifte streuen.

12 Im vorgeheizten Backofen bei 180 °C (Gas Stufe 2, Umluft 160 °C) etwa 45 Minuten backen.

13 Den Kuchen herausnehmen und etwas auskühlen lassen.

14 Den Kuchen mit Puderzucker bestäuben.

Mohnkuchen

Knetteig (▶ Seite 12)

Klassisch und fein
Für Gäste
1 Backblech, 30 x 40 cm

Zutaten

- 400 g Mehl
- 2 TL Backpulver
- 125 g Zucker
- 1 Pck. Vanillezucker
- 200 g kalte Butter

Belag

- 6 Eier
- 250 g Zucker
- 1 TL abgeriebene, unbehandelte Zitronenschale
- 1 Prise Salz
- 5 EL Speisestärke
- 3 EL Korinthen
- 400 g gemahlener Mohn
- 2 EL fein geschnittenes Zitronat

1 Für den Teig Mehl und Backpulver vermischen, in eine Schüssel sieben und in die Mitte eine Vertiefung drücken.

2 Zucker, Vanillezucker und die kalte Butter in Stückchen hineingeben.

3 Mit Mehl bedecken und von der Mitte her rasch zu einem glatten Teig verkneten. Den Teig 30 Minuten kalt stellen.

4 Drei Viertel des Teiges auf bemehlter Fläche ausrollen. Ein Backblech einfetten und den Teig auflegen.

5 Im vorgeheizten Backofen bei 180 °C (Gas Stufe 2, Umluft 160 °C) 10 Minuten backen.

6 Aus dem restlichen Teig Rollen formen.

7 Für den Belag zunächst die Eier trennen.

8 Das Eigelb in eine Schüssel geben und mit 1 Esslöffel warmem Wasser schaumig schlagen.

9 Nach und nach den Zucker einrühren und eine cremige Masse schlagen.

10 Die Zitronenschale und das Salz zugeben.

11 Das Eiweiß mit dem Salz steif schlagen und unterheben.

12 Die Speisestärke darauf sieben und ebenfalls unterheben.

13 Korinthen waschen, abtropfen lassen und mit Mohn und Zitronat unterziehen.

14 Den vorgebackenen Teigboden an den Rändern mit den Teigrollen belegen und einen Rand hochziehen.

15 Die Mohnmasse gleichmäßig auf dem Teigboden verteilen.

16 Im vorgeheizten Backofen bei 180 °C (Gas Stufe 2, Umluft 160 °C) 25 Minuten backen.

▶ **Variante:** Der Mohnkuchen sieht besonders festlich aus, wenn er mit zierlichen Tupfen geschmückt wird. Dafür verrührt man 250 Gramm gesiebten Puderzucker und 2 bis 3 Esslöffel Zitronensaft zu einer dickflüssigen Masse, gibt sie in einen Spritzbeutel mit kleiner Tülle und dekoriert den Kuchen mit vielen kleinen Tupfen. Natürlich kann man sich jederzeit eine andere Dekoration ausdenken. Der Fantasie sind hier keine Grenzen gesetzt. Man kann den Kuchen auch mit einem Rumguss überziehen. Dafür verrührt man 200 Gramm gesiebten Puderzucker, 1 Esslöffel heißes Wasser und 1 bis 2 Esslöffel Rum zu einer dickflüssigen Masse.

Mohnkuchen mit Aprikosen

Biskuitteig (▸ Seite 13f.)

Raffiniert und fein
Für Gäste
1 Backblech, 30 x 33 cm

Zutaten

- **2 EL Korinthen**
- **2 EL Rum**
- **6 Eier**
- **500 g Aprikosen**
- **Saft von 1 Zitrone**
- **150 g weiche Butter**
- **100 g Zucker**
- **1/2 TL abgeriebene, unbehandelte Zitronenschale**
- **1 Prise Salz**
- **200 g gemahlener Mohn**
- **50 g gehackte Mandeln**
- **100 g Mehl**
- **50 g Speisestärke**
- **1 gestr. TL Backpulver**
- **50 g Zwiebackbrösel**

Guss

- **250 g Aprikosenkonfitüre**
- **2 EL Obstgeist**

Dekoration

- **Puderzucker zum Bestäuben**

▶ **Variante:** Wenn unter den Gästen auch Kinder sind, verzichtet mancher gern auf den Alkohol für den Guss. Ersetzen Sie den Obstgeist durch einen Fruchtsaft.

1 Die Korinthen waschen, abtropfen lassen und in Rum einweichen. Die Eier sorgfältig trennen.

2 Die Aprikosen halbieren, entsteinen und mit Zitronensaft marinieren.

3 Die Butter in eine Schüssel geben und mit Zucker, Zitronenschale und Salz schaumig schlagen.

4 Eigelb nach und nach unterrühren.

5 Den Mohn, die Mandeln, und die Korinthen einrühren.

6 Mehl, Speisestärke und Backpulver vermischen.

7 Das Eiweiß steif schlagen und abwechselnd mit dem Mehl unter die Eigelb-Mohn-Masse heben.

8 Ein Backblech mit Backpapier belegen, den Teig darauf geben und glatt streichen.

9 Die Aprikosenhälften in Zwiebackbröseln wenden und auf der Mohnmasse anordnen. Leicht hineindrücken.

▶ **Tipp:** Mohn sollte man nur in kleinen Mengen kaufen, denn durch den hohen Fettgehalt wird er bei längerer Lagerung leicht ranzig. Mohn kann man mit einer Mohnmühle selbst mahlen. Man kann ihn aber auch bereits gemahlen als Fertigware kaufen.

10 Im vorgeheizten Backofen bei 180 °C (Gas Stufe 2, Umluft 160 °C), etwa 35 Minuten backen.

11 Den Kuchen herausnehmen und auskühlen lassen.

12 Für den Guss die Aprikosenkonfitüre mit dem Obstgeist verrühren, in einem Topf leicht erwärmen und durch ein feines Sieb streichen.

13 Den Guss sofort auf den Kuchen streichen und zum Schluss mit Puderzucker bestäuben.

Quarkkuchen mit Heidelbeeren

Hefeteig (▸ Seite 12)

Beliebt und fein
Für Gäste
1 Backblech, 30 x 40 cm

Zutaten

- 400 g Mehl
- 25 g Hefe
- 2 EL Zucker
- 200 ml lauwarme Milch
- 80 g weiche Butter
- 1 Ei

Belag

- 1 kg Heidelbeeren
- 500 g abgetropfter Sahnequark (40 %)
- 125 g Sahne
- 1 Ei
- 2 EL Speisestärke
- 3 EL Zucker
- 1/2 TL abgeriebene, unbehandelte Zitronenschale
- Saft von 1/2 Zitrone

Guss

- 500 g Schmand
- 2 Eier
- 2 TL Speisestärke
- 100 g Zucker

1 Für den Teig das Mehl in eine Schüssel sieben und in die Mitte eine Vertiefung drücken.

2 Die Hefe mit dem Zucker in der Milch verquirlen und in die Vertiefung gießen. Etwas Mehl vom Rand zugeben und einen breiartigen Vorteig rühren.

3 Zugedeckt 20 Minuten an einem warmen Ort gehen lassen.

4 Auf dem Mehlrand die Butter in Flöckchen und das Ei anordnen.

5 Die Zutaten von der Mitte her zu einem glatten Teig verkneten.

6 Zugedeckt 30 Minuten an einem warmen Platz gehen lassen.

7 Inzwischen die Heidelbeeren waschen und abtropfen lassen.

8 Den Teig zusammenstoßen, durchkneten und auf bemehlter Fläche in der Größe des Backblechs ausrollen.

9 Ein Backblech einfetten, den Teig auflegen.

▸ **Tipp:** Wenn Sie die Zitrone vor dem Auspressen kräftig auf dem Tisch hin- und herrollen, gewinnen Sie mehr Saft. Sie können die Frucht auch kurz in heißes Wasser legen oder in den warmen Backofen.

10 Einen Rand hochziehen. Den Teig mit einer Gabel mehrmals einstechen.

11 Für den Belag den abgetropften Quark in eine Schüssel geben.

12 Den Sahnequark mit flüssiger Sahne, Ei, Speisestärke, Zucker, Zitronenschale und Zitronensaft verrühren.

13 Die Quarkmasse auf den Teig streichen und gleichmäßig mit den Heidelbeeren belegen.

14 Für den Guss den Schmand mit Eiern, Speisestärke und Zucker verrühren und die Heidelbeeren damit überziehen.

15 Im vorgeheizten Backofen bei 180 °C (Gas Stufe 2, Umluft 160 °C) etwa 35 Minuten backen.

Saftiger Brombeerkuchen

Knetteig (▶ Seite 12)

Aromatisch und fein
Für Gäste
1 Backblech, 30 x 40 cm

Zutaten

- 350 g Mehl
- 2 TL Backpulver
- 100 g Zucker
- 1 Pck. Vanillezucker
- 1 Prise Salz
- 1 Ei
- 2 EL Milch
- 150 g kalte Butter

Belag

- 300 g Crème fraîche
- 2 Pck. Vanillezucker
- 1/2 TL abgeriebene, unbehandelte Orangenschale
- 1 kg frische Brombeeren

Streusel

- 150 g Butter
- 150 g Zucker
- 150 g Mehl

Dekoration

- Puderzucker zum Bestäuben

1 Für den Teig Mehl und Backpulver vermischen und in eine Schüssel sieben. In die Mitte eine Vertiefung drücken.

2 Zucker, Vanillezucker, Salz, Ei und Milch in die Vertiefung geben und einen Brei bereiten.

3 Die kalte Butter in Stücken darauf geben und mit Mehl bedecken.

4 Die Zutaten von der Mitte her rasch zu einem glatten Teig verkneten. 30 Minuten kalt stellen.

5 Ein Backblech einfetten. Den Teig auf bemehlter Fläche ausrollen, auf das Backblech geben und einen Rand hochziehen.

6 Für den Belag die Brombeeren waschen und abtropfen lassen.

7 Die Crème fraîche mit Vanillezucker und Orangenschale verrühren.

8 Die Masse auf den Teig streichen und die Brombeeren darauf anordnen.

▶ **Tipp:** Die Brombeerernte ist nur kurz und kann je nach Witterung spärlich ausfallen. Weichen Sie notfalls auf Heidelbeeren oder Johannisbeeren aus.
Auch den Belag können Sie variieren: 300 Gramm ausgepressten Quark, 2 Esslöffel Schmand, 2 Esslöffel Zucker, 2 Eigelb, 60 Gramm weiche Butter, 2 Teelöffel Speisestärke und 1/2 Teelöffel abgeriebene, unbehandelte Zitronenschale verrühren, auf den Teig streichen und belegen. Weiter mit Schritt 9.

9 Für die Streusel Butter, Zucker und Mehl vermischen.

10 Mit zwei Gabeln oder den Händen daraus Streusel bereiten.

11 Die Streusel über die Brombeeren streuen.

12 Im vorgeheizten Backofen bei 180 °C (Gas Stufe 2, Umluft 160 °C) etwa 25 Minuten backen.

13 Den Kuchen herausnehmen, auskühlen lassen. Mit Puderzucker bestäuben.

Rhabarberkuchen

Knetteig (▶ Seite 12)

Saftig und raffiniert
Für Gäste
1 Backblech, 30 x 40 cm

Zutaten

- 400 g Mehl
- 1 gestr. TL Backpulver
- 150 g Butter
- 125 g Zucker
- 1 Ei
- 1 Prise Salz
- 1/2 TL abgeriebene, unbehandelte Zitronenschale

Belag

- 1 kg Rhabarber
- 2 EL Weißwein
- 1/4 l Milch
- 1 Pck. Vanille-Puddingpulver
- 200 g Zucker
- 200 g Schmand
- 3 Eier
- 100 g zerlassene Butter
- 100 g Mandelblättchen

1 Für den Teig Mehl und Backpulver vermischen und in eine Schüssel sieben. In die Mitte eine Vertiefung drücken.

2 Die Butter in Stückchen, Zucker, Ei, Salz und Zitronenschale in die Vertiefung geben.

3 Mit Mehl bedecken und alles rasch zu einem glatten, geschmeidigen Teig verkneten. 30 Minuten kühl stellen.

4 Inzwischen für den Belag den Rhabarber putzen, waschen und in Stücke schneiden.

5 In einem Topf den Rhabarber mit dem Weißwein bei milder Hitze 2 Minuten dünsten. Kühl stellen.

6 Milch und Puddingpulver verrühren. Zucker, Schmand, Eier und die Butter unterrühren.

7 Den Teig auf bemehlter Fläche ausrollen.

8 Ein Backblech mit Backpapier belegen und den Teig darauf geben.

9 Den Teig mehrmals mit einer Gabel einstechen und mit Mandelblättchen belegen.

10 Die Rhabarberstücke auf den Teig legen und die Eiermilch darüber verteilen.

11 Im vorgeheizten Backofen bei 180 °C (Gas Stufe 2, Umluft 160 °C) etwa 35 Minuten backen, bis der Belag gestockt ist.

▶ **Tipp:** Achten Sie beim Einkauf von Rhabarber darauf, dass die Stangen knackig, die Schnittstellen saftig sind. Es gibt verschiedene Sorten: die grünstieligen mit grünem Fleisch besitzen einen hohen Säuregehalt, die rotstieligen mit grünem Fleisch zeichnen sich durch eine herbe Säure aus, die rotstieligen mit rotem Fleisch locken mit feinem Himbeeraroma. Rhabarber eignet sich nicht zum Rohverzehr. Will man die Eigensäure des Rhabarbers mildern, kann man etwas Zitronensaft zugeben. Rhabarber sollte rasch verbraucht werden. Frisch geerntet hält er sich in ein feuchtes Tuch gewickelt im Gemüsefach des Kühlschranks zwei Tage.
Der Kuchen schmeckt besonders gut, wenn er über Nacht durchziehen kann.

Marmeladenkuchen

Knetteig (▶ Seite 12)

Rührteig (▶ Seite 13)

Fein und aromatisch
Braucht etwas Zeit
1 Backblech, 30 x 33 cm

Zutaten

Knetteig

- 300 g Mehl
- 1 gestr. TL Backpulver
- 125 g Zucker
- 1 Ei
- 1 Prise Salz
- 150 g kalte Butter

Füllung

- 500 g Aprikosenkonfitüre
- 4 EL Obstgeist

Rührteig

- 200 g Butter
- 150 g Zucker
- 3 Eier
- 100 g Sahne
- 1/2 TL abgeriebene unbehandelte Zitronenschale
- 100 g Mehl
- 100 g Speisestärke
- 1 gestr. TL Backpulver

Glasur

- 400 g Zartbitter-Kuvertüre
- 100 g weiße Kuvertüre

1 Für den Knetteig Mehl und Backpulver vermischen, in eine Schüssel sieben, in die Mitte eine Vertiefung drücken.

2 Zucker, Ei und Salz in die Vertiefung geben, etwas Mehl vom Rand zugeben und daraus einen dicklichen Brei bereiten.

3 Die Butter in Stücken darauf geben und mit etwas Mehl bestäuben.

4 Von der Mitte her alles zu einem glatten Teig verkneten. Den Teig 30 Minuten kühl stellen.

5 Den Teig auf bemehlter Fläche ausrollen. Ein Backblech einfetten und den Teig darauf geben.

6 Für den Belag die Aprikosenkonfitüre durch ein feines Sieb streichen, mit dem Obstgeist verrühren und auf den Teig streichen.

▶ **Variante:** Wer bei der Füllung auf den Alkohol verzichten will, kann den Obstgeist einfach durch die gleiche Menge Wasser ersetzen. Für ein feines Aroma kann man die Konfitüre auch – je nach Geschmack – mit einem Fruchtsaft anrühren.

7 Für den Rührteig in einer Schüssel Butter und Zucker schaumig schlagen. Eier, Sahne und Zitronenschale einrühren.

8 Mehl, Speisestärke und Backpulver vermischen, auf die Butter-Eier-Masse sieben und unterheben.

9 Den Teig über die Aprikosenkonfitüre ziehen und glatt streichen.

10 Im vorgeheizten Backofen bei 180 °C (Gas Stufe 2, Umluft 160 °C) etwa 30 Minuten backen.

11 Den Kuchen herausnehmen und auskühlen lassen.

12 Für die Glasur die Zartbitter-Kuvertüre im warmen Wasserbad schmelzen.

13 Den Kuchen mit der Glasur überziehen und kühl stellen.

14 Die weiße Kuvertüre ebenfalls im warmen Wasserbad schmelzen.

15 Den Kuchen damit nach Lust und Laune verzieren.

Schneewittchenkuchen

Rührteig (▸ Seite 13)

Fein und festlich
Für Gäste
1 Backblech, 30 x 40 cm

Zutaten

- **250 g Butter**
- **250 g Zucker**
- **6 Eier**
- **400 g Mehl**
- **2 EL Speisestärke**
- **1 Pck. Backpulver**
- **3 EL Kakao**
- **1 1/2 kg entsteinte Sauerkirschen**

Creme

- **1 Pck. Vanille-Puddingpulver**
- **3 EL Zucker**
- **1/2 l Milch**
- **250 g Butter**

Dekoration

- **300 g Zartbitter-Schokolade**

1 Für den Teig die Butter in einer Schüssel schaumig schlagen.

▸ **Tipp:** Der Schneewittchenkuchen schmeckt besonders gut und aromatisch, wenn er über Nacht durchziehen kann.

2 Zunächst den Zucker und dann nach und nach die Eier einrühren.

3 Mehl, Speisestärke und Backpulver vermischen, auf die Butter-Ei-Masse sieben und einarbeiten.

4 Den Teig in 2 Portionen teilen und unter eine Hälfte des Teiges den Kakao mischen.

5 Ein Backblech einfetten, den Kakaoteig darauf geben und glatt streichen.

6 Dann den hellen Teig auf dem dunklen verteilen und mit den Sauerkirschen belegen.

7 Im vorgeheizten Backofen bei 180 °C (Gas Stufe 2, Umluft 160 °C) etwa 35 Minuten backen.

8 Den Kuchen herausnehmen und auskühlen lassen.

9 Für die Creme das Puddingpulver mit dem Zucker in etwas kalter Milch glatt rühren.

10 Die restliche Milch in einem Topf zum Kochen bringen.

11 Das angerührte Puddingpulver zugeben und unter Rühren kurz aufkochen lassen.

12 Den Topf vom Herd nehmen, den Pudding auf Zimmertemperatur auskühlen lassen. Den Pudding ab und zu umrühren, damit sich keine Haut bildet.

13 Die zimmerwarme Butter in einer Schüssel schaumig schlagen.

14 Den Pudding esslöffelweise in die Butter rühren.

15 Die Buttercreme auf den ausgekühlten Kuchen streichen.

16 Die Schokolade raspeln und den Kuchen damit verzieren.

Pfirsich-Himbeer-Kuchen

Rührteig (▶ Seite 13)

Fein und aromatisch
Für Gäste
1 ausziehbares Backblech (33–52 cm)

Zutaten

- 5 Eier
- 300 g Butter
- 250 g Zucker
- 1 Pck. Vanillezucker
- 450 g Mehl
- 50 g Speisestärke
- 1 Pck. Backpulver
- 300 g abgetropfter Quark
- 6 EL Zitronensaft
- 1 TL abgeriebene, unbehandelte Zitronenschale

Belag

- 1 kg Pfirsiche
- 500 g Himbeeren
- 1 Pck. klarer Tortenguss

Dekoration

- 250 g Sahne
- 2 Pck. Vanillezucker
- 1 Pck. Sahnesteif

1 Für den Teig zunächst die Eier trennen.

2 In einer Schüssel Butter, Zucker und Vanillezucker schaumig rühren.

3 Nach und nach das Eigelb einrühren.

4 Mehl, Speisestärke und Backpulver vermischen, sieben und einrühren.

5 Den Quark mit dem Zitronensaft und der Zitronenschale verrühren.

6 Ein Drittel von der Masse unter den Teig mischen. Den restlichen Quark inzwischen kühl stellen.

7 Dann das Eiweiß steif schlagen und unter den Teig ziehen.

8 Ein Backblech einfetten, den Teig darauf geben und glatt streichen.

9 Im vorgeheizten Backofen bei 180 °C (Gas Stufe 2, Umluft 160 °C) etwa 25 Minuten backen.

10 Den Kuchen herausnehmen und auskühlen lassen.

11 Dann den Kuchen mit dem restlichen Quark bestreichen.

12 Für den Belag die Pfirsiche kurz überbrühen, abschrecken und enthäuten.

13 Die Pfirsiche halbieren, entsteinen und in dünne Spalten schneiden.

14 Die Himbeeren waschen und gut abtropfen lassen.

15 Die Pfirsiche und die Himbeeren auf dem Quark anordnen.

16 Den Tortenguss nach Packungsvorschrift herstellen und den Kuchen damit in einer dünnen Schicht überziehen.

17 Für die Dekoration die Sahne mit dem Vanillezucker und dem Sahnesteif steif schlagen.

18 Die Sahne in einen Spritzbeutel mit Sterntülle füllen und den Kuchen damit verzieren.

Kleckselkuchen

Hefeteig (▶ Seite 12)

Aromatisch und fein
Braucht etwas Zeit
1 ausziehbares Backblech (33–52 cm)

Zutaten

- 500 g Mehl
- 30 g Hefe
- 100 g Zucker
- 1/4 l lauwarme Milch
- 1 Prise Salz
- 50 g Butter

Quarkmasse

- 100 g Rosinen
- 4 EL Weinbrand
- 500 g Quark
- 3 Eigelb
- 50 g Butter
- 125 g Zucker
- 2 EL Milch
- 1 EL Speisestärke
- 2 EL Zitronensaft

Mohnmasse

- 50 g Butter
- 200 g gemahlener Mohn
- 2 EL gemahlene Mandeln
- 1/8 l Milch
- 3 EL Zwiebackbrösel
- 3 EL Zucker
- 1 Msp. Zimt

Belag

- 4 säuerliche mittelgroße Äpfel
- 4 EL Zitronensaft

Streusel

- 125 g Mehl
- 125 g Zucker
- 1 kräftige Prise Zimt
- 125 g Butter

Dekoration

- Puderzucker zum Bestäuben

1 Für den Teig das Mehl in eine Schüssel sieben und in die Mitte eine Vertiefung drücken.

2 Die Hefe mit 1 Teelöffel Zucker in 1/8 Liter Milch verquirlen und in die Vertiefung gießen.

3 Etwas Mehl vom Rand dazugeben und einen breiartigen Vorteig rühren.

4 Den restlichen Zucker, Salz und Butter auf dem Mehlrand anordnen.

5 Den Teig zugedeckt an einem warmen Ort 20 Minuten gehen lassen.

6 Die Zutaten von der Mitte her verkneten, dabei die restliche Milch einarbeiten.

7 Den Teig so lange kneten, bis er Blasen wirft. Sollte er kleben, noch etwas Mehl zugeben.

8 Zugedeckt an einem warmen Ort 30 Minuten gehen lassen.

9 Für die Quarkmasse die Rosinen waschen, abtropfen lassen und in Weinbrand einweichen.

10 Den Quark durch ein Sieb streichen. Eigelb, Butter und Zucker schaumig schlagen.

11 Milch und nach und nach den Quark unterrühren. Speisestärke, Zitronensaft und Rosinen zugeben. Die Masse schlagen, bis sie cremig ist.

12 Für die Mohnmasse die Butter in einem Topf zerlassen, Mohn, Mandeln und Milch zugeben und verrühren.

13 Zum Kochen bringen und unter Rühren 5 Minuten köcheln lassen.

14 Zwiebackbrösel, Zucker und Zimt zufügen und nochmals aufkochen. Auskühlen lassen, dabei mehrmals umrühren.

15 Den Teig durchkneten und auf bemehlter Fläche ausrollen.

16 Das Backblech einfetten, den Teig darauf geben, einen Teigrand hochziehen, den Teig mehrmals mit einer Gabel einstechen.

17 Mit einem Esslöffel Quark- und Mohnmasse abwechselnd darauf »klecksen«.

18 Für den Belag die Äpfel schälen, in Viertel, dann in Spalten schneiden, das Kernhaus entfernen.

19 Die Apfelspalten mit Zitronensaft beträufeln und zwischen den Quark- und Mohnklecksen anordnen.

20 Für die Streusel Mehl, Zucker und Zimt vermischen. Die Butter in Flöckchen zugeben.

21 Mit den Händen die Zutaten zu Streuseln vermengen und auf den Kuchen streuen.

22 Im vorgeheizten Backofen bei 180 °C (Gas Stufe 2, Umluft 160 °C) etwa 40 Minuten backen.

23 Den Kuchen herausnehmen und mit Puderzucker bestäuben.

LPG-Kuchen

Rührteig (▶ Seite 13)

Raffiniert und fein
Für Gäste
1 Backblech, 30 x 33 cm

Zutaten

- **250 g Butter**
- **4 Eier**
- **250 g Puderzucker**
- **1 Pck. Vanillezucker**
- **1 Prise Salz**
- **1/2 TL abgeriebene, unbehandelte Zitronenschale**
- **250 g Mehl**
- **50 g Speisestärke**
- **2 gestr. TL Backpulver**

Creme

- **1 Pck. Vanille-Puddingpulver**
- **2 EL Zucker**
- **1/2 l Milch**
- **250 g Butter**
- **250 g Butterkekse**
- **Etwas Weinbrand**

Guss

- **250 g Kokosfett**
- **250 g Puderzucker**
- **3 EL Kakao**
- **2 Eier**

▶ Tipp: Der LPG-Kuchen (für **L**andwirtschaftliche **P**roduktions**g**enossenschaft) schmeckt besonders gut, wenn er über Nacht durchziehen kann.

1 Für den Teig die Butter in eine Schüssel geben und schaumig schlagen. Die Eier trennen.

2 Eigelb, Puderzucker, Vanillezucker, Salz, Zitronenschale zur Butter geben und alles gut verrühren.

3 Mehl, Stärkemehl und Backpulver vermischen, sieben und nach und nach einrühren.

4 Eiweiß steif schlagen und unter den Teig heben.

5 Ein Backblech mit Backpapier belegen, Teig darauf geben, glatt streichen.

6 Im vorgeheizten Backofen bei 180 °C (Gas Stufe 2, Umluft 160 °C) etwa 20 Minuten backen.

7 Herausnehmen, mit dem Papier vom Backblech nehmen, das Papier ablösen. Kuchenboden kühl stellen.

8 Für die Creme das Puddingpulver mit dem Zucker in etwas kalter Milch verrühren.

9 Die restliche Milch in einem Topf zum Kochen bringen, das angerührte Puddingpulver einrühren und kurz aufkochen lassen.

10 Den Topf vom Herd nehmen und den Pudding auskühlen lassen. Ab und zu umrühren, damit sich keine Haut bildet.

11 Die zimmerwarme Butter schaumig rühren, den Pudding löffelweise einrühren.

12 Die Creme auf dem Kuchenboden verteilen.

13 Die Kekse in den Weinbrand tauchen und lückenlos auf der Buttercreme anordnen.

14 Für den Guss das Kokosfett zerlassen.

15 Puderzucker und Kakao vermischen, die Eier unterrühren und nach und nach das Kokosfett einrühren. Die Kekse mit dem Guss überziehen.

▶ Variante: Wer es besonders saftig und aromatisch mag, kann den fertigen Teigboden nach Geschmack mit etwas Weinbrand tränken.

Kürbiskuchen

Biskuitteig (▸ Seite 13 f.)

Saftig und appetitlich
Für Gäste
1 ausziehbares Backblech
(33–52 cm)

Zutaten

- 8 Eier
- 2 EL Zucker
- 1 EL abgeriebene, unbehandelte Orangenschale
- 2 EL Rum
- 1 Prise Salz
- 150 g gemahlene Mandeln
- 150 g gemahlene Pistazienkerne
- 400 g geraspeltes Kürbisfleisch
- 450 g Mehl
- 2 EL Speisestärke
- 1 Pck. Backpulver

Glasur

- 200 g Puderzucker
- 3 EL Zitronensaft

Dekoration

- Kürbiskerne zum Verzieren

1 Für den Teig die Eier trennen. Eigelb, Zucker, Orangenschale, Rum und Salz schaumig schlagen.

2 Die Mandeln, Pistazien und das geraspelte Kürbisfleisch untermengen.

3 Mehl, Speisestärke und Backpulver vermischen, auf die Eigelb-Masse sieben und einarbeiten.

4 Das Eiweiß zu steifem Schnee schlagen und unter die Masse heben.

5 Ein Backblech mit Backpapier belegen, den Teig darauf geben und glatt streichen.

6 Im vorgeheizten Backofen bei 180 °C (Gas Stufe 2, Umluft 160 °C) etwa 30 Minuten backen.

7 Den Kuchen herausnehmen, mit dem Papier vom Blech ziehen und das Papier ablösen. Auskühlen lassen.

8 Für die Glasur den Puderzucker sieben, mit Zitronensaft verrühren und auf den Kuchen streichen.

9 Noch während der Guss trocknet, den Kuchen mit den Kürbiskernen verzieren, zum Beispiel mit einem dekorativen Muster oder einem figürlichen Motiv.

▸ **Tipp:** Der Kürbis spielt in manchem Garten die Rolle eines Monstrums – es werden Gewichte von einem Zentner und mehr gemeldet. Seine kulinarischen Eigenschaften hat man längst erkannt. Die größeren Exemplare werden in Schnitzen angeboten, kleinere Exemplare kauft man im Ganzen. Die derbe und feste Schale ist ungenießbar. Darunter verbirgt sich faseriges, saftiges, weiches Fruchtfleisch in gelber, weißer oder orangener Farbe. Frische ganze Kürbisse kann man an einem kühlen trockenen Platz bis zu vier Wochen lagern. Da der Kürbis wenig Eigenaroma hat – er besteht zu etwa 90 Prozent aus Wasser –, verträgt er sich bestens mit süßen und salzigen Zutaten.

Quittenkuchen

Knetteig (▶ Seite 12)

Raffiniert und köstlich
Für Gäste
1 ausziehbares Backblech (33–52 cm)

Zutaten

- **250 g Butter**
- **100 g Zucker**
- **4 Eier**
- **1 TL abgeriebene, unbehandelte Zitronenschale**
- **1 Prise Salz**
- **450 g Mehl**
- **1 EL Speisestärke**
- **1 Pck. Backpulver**

Belag

- **1 1/2 kg Quitten**
- **300 g Zucker**
- **3 EL fein geschnittenes Zitronat**

Guss

- **6 Eier**
- **125 g Zucker**
- **125 g gemahlene Mandeln**
- **Saft von 1 Zitrone**

Dekoration

- **80 g Butter**
- **100 g geröstete Mandeln**
- **2 EL Zucker**

▶ Tipp: Wenn beim Teigkneten Risse auftreten, hilft kaltes Wasser oder Eiweiß.

1 In einer Schüssel die Butter mit dem Zucker und den Eiern schaumig rühren.

2 Die Zitronenschale und das Salz unterrühren.

3 Mehl, Speisestärke und Backpulver vermischen, sieben und nach und nach einarbeiten.

4 Für den Belag die Quitten unter fließendem Wasser abbürsten, schälen, in Viertel schneiden und das Kernhaus entfernen.

5 Die Quitten in 3/4 Liter Wasser in einem Topf zum Kochen bringen und 20 Minuten köcheln lassen.

6 Quitten herausnehmen, abtropfen lassen, dabei den Sud auffangen.

7 Die Quitten in kleine Würfel schneiden.

8 1/4 Liter Quittensud mit dem Zucker aufkochen, Quittenwürfel und Zitronat hineingeben und alles zu einer geleeartigen Masse einkocheln lassen. Das Gelee kalt stellen.

9 Den Teig auf bemehlter Fläche ausrollen.

10 Ein Backblech einfetten und den Teig darauf geben.

11 Einen Rand hochziehen und den Teig mit einer Gabel mehrmals einstechen.

12 Von der Quittenmasse 6 Esslöffel abnehmen und beiseite stellen.

13 Die restliche Quittenmasse gleichmäßig auf den Teig streichen.

14 Für den Guss die Eier und den Zucker schaumig rühren.

15 Die Mandeln, den Zitronensaft und das beiseite gestellte Quittengelee unterziehen.

16 Den Guss auf dem Kuchen verteilen.

17 Im vorgeheizten Backofen bei 180 °C (Gas Stufe 2, Umluft 160 °C) etwa 45 Minuten backen.

18 Den Quittenkuchen aus dem Ofen nehmen, mit zerlassener Butter bestreichen und zum Schluss mit Mandeln und Zucker bestreuen.

Marzipankuchen mit Cremedecke

Biskuiteig (▸ Seite 13 f.)

Raffiniert und fein
Für Gäste
1 Backblech, 30 x 33 cm

Zutaten

- 8 Eier
- 300 g Marzipan-Rohmasse
- 120 g Halbbitter-Kuvertüre
- 1 Pck. Vanillezucker
- 150 g Zucker
- 1 Prise Salz
- 100 g Mehl
- 50 g Speisestärke
- 60 g flüssige Butter

Cremedecke

- 1 Pck. Vanille-Puddingpulver
- 2 EL Zucker
- 1/2 l Milch
- 50 g Kokosfett
- 125 g Aprikosen-konfitüre
- 2 EL Obstgeist

Glasur

- 150 g Halbbitter-Kuvertüre
- 100 g Nugat-Rohmasse
- 150 g Sahne

Dekoration

- 80 g weiße Raspelschokolade (▸ Seite 15)

1 Für den Teig die Eier trennen. Marzipan und Kuvertüre zerkleinern.

2 Das Marzipan mit dem Vanillezucker, 100 Gramm Zucker, Eigelb, 2 Esslöffel Wasser und Salz schaumig rühren. Die Kuvertüre untermischen.

3 Das Eiweiß mit dem restlichen Zucker steif schlagen.

4 Nach und nach mit dem gesiebten Mehl, Speisestärke und der Butter unter die Marzipanmasse heben.

5 Ein Backblech einfetten und mit Mehl bestäuben. Den Teig darauf geben und glatt streichen.

6 Im vorgeheizten Backofen bei 180 °C (Gas Stufe 2, Umluft 160 °C) etwa 25 Minuten backen.

7 Für die Cremedecke das Puddingpulver mit dem Zucker in etwas kalter Milch glatt rühren.

8 Die restliche Milch in einem Topf zum Kochen bringen, das angerührte Puddingpulver einrühren und kurz aufwallen lassen.

9 Den Topf vom Herd nehmen und das Kokosfett unterrühren.

10 Den Pudding auskühlen lassen. Dabei ab und zu umrühren, damit sich keine Haut bildet.

11 Die Konfitüre in einem Topf erwärmen und den Obstgeist einrühren

12 Dann die Konfitüre durch ein feines Sieb streichen.

13 Den ausgekühlten Kuchen zuerst mit der Konfitüre, danach mit der Creme bestreichen. 2 Stunden kalt stellen.

14 Für die Glasur Kuvertüre und Nugat zerkleinern und im heißen Wasserbad schmelzen.

15 Die Sahne in einem Topf kurz aufkochen lassen und unter die Kuvertüre rühren.

16 Die Glasur etwas abkühlen lassen und den Kuchen damit überziehen.

17 Zum Schluss die geraspelte Schokolade auf den Kuchen streuen.

Großmutters Pflaumenkuchen

Quark-Öl-Teig (▸ Seite 13)

Fein und fruchtig
Gelingt leicht
1 Backblech, 30 x 40 cm

Zutaten

- 200 g abgetropfter Quark
- 1 Ei
- 1/2 TL abgeriebene, unbehandelte Zitronenschale
- 1 Prise Muskat
- 6 EL Milch
- 1/8 l Öl
- 1 Prise Salz
- 400 g Mehl
- 1 Pck. Backpulver

Belag

- 2 kg Pflaumen

Streusel

- 200 g Butter
- 150 g Zucker
- 250 g geriebenes Schwarzbrot

Dekoration

- Puderzucker zum Bestäuben

▶ **Tipp:** Pflaumen, Zwetschgen, Mirabellen oder Renecloden ... alle diese köstlichen Früchte eignen sich wunderbar für diesen fruchtigen Kuchen. Am besten schmecken sie natürlich frisch vom Baum.

1 Für den Teig den Quark durch ein Sieb in eine Schüssel streichen. Ei, Zitronenschale, Muskat, Milch, Öl und Salz unterrühren.

2 Mehl und Backpulver vermischen, sieben und nach und nach in die Quarkmasse einarbeiten.

3 Den Teig gut verkneten und auf bemehlter Fläche ausrollen. Ein Backblech einfetten, den Teig darauf geben und einen Rand hochziehen.

4 Für den Belag die Pflaumen waschen, halbieren, entsteinen und einschneiden. Die Pflaumen auf dem Teig anordnen.

5 Für die Streusel Butter, Zucker und Schwarzbrot vermischen. Mit zwei Gabeln oder den Händen daraus Streusel bereiten und über die Pflaumen streuen.

6 Im vorgeheizten Backofen bei 180 °C (Gas Stufe 2, Umluft 160 °C) etwa 25 Minuten backen.

7 Den Kuchen herausnehmen, auskühlen lassen und mit Puderzucker bestäuben.

▶ **Variante:** Wer lieber Hefeteig möchte, braucht folgende Zutaten: 400 Gramm Mehl, 25 Gramm Hefe, 100 Gramm Zucker, 200 Milliliter lauwarme Milch, 1 Prise Salz, 100 Gramm weiche Butter, 1 Ei, 1/2 Teelöffel abgeriebene, unbehandelte Zitronenschale und 1 Prise Muskat. Das Mehl in eine Schüssel sieben, in die Mitte eine Vertiefung drücken. Die Hefe mit 1 Teelöffel Zucker in etwas Milch verquirlen, in die Vertiefung gießen, etwas Mehl vom Rand einrühren. Den Vorteig 20 Minuten an einem warmen Ort zugedeckt gehen lassen. Auf dem Mehlrand den Zucker, Salz, Butter in Flöckchen, das Ei, Zitronenschale und Muskat anordnen. Von der Mitte her die Zutaten zu einem glatten Teig verkneten, dabei die restliche Milch zugeben. Zugedeckt nochmals 30 Minuten gehen lassen. Auf bemehlter Fläche ausrollen, auf ein gebuttertes Backblech geben, einen Rand hochziehen, den Teig mehrmals mit einer Gabel einstechen und weiter verfahren, wie ab Schritt 4 im Rezept beschrieben.

Zarter Apfelkuchen

Rührteig (▶ Seite 13)

Aromatisch
Gelingt leicht
1 ausziehbares Backblech (33–52 cm)

Zutaten

- **300 g weiche Butter**
- **200 g Zucker**
- **1 Prise Salz**
- **1 TL abgeriebene Zitronenschale**
- **4 Eier**
- **8 EL Milch**
- **400 g Mehl**
- **100 g Speisestärke**
- **1 Pck. Backpulver**

Belag

- **150 g Aprikosenkonfitüre**
- **2 EL Obstgeist**
- **1 kg mittelgroße Äpfel**
- **150 g Mandelstifte**

Dekoration

- **Puderzucker zum Bestäuben**

1 Für den Teig in einer Schüssel die Butter schaumig schlagen.

2 Zucker, Salz, Zitronenschale, Eier und Milch unterschlagen.

3 Mehl, Speisestärke und Backpulver vermischen, nach und nach zum Teig geben.

4 Ein Backblech mit Backpapier belegen, den Teig darauf geben.

5 Für den Belag die Aprikosenkonfitüre durch ein feines Sieb streichen und mit dem Obstgeist verrühren.

6 Die Äpfel schälen, halbieren, das Kernhaus entfernen.

7 Anstelle des Kernhauses die Mulde jeweils mit Aprikosenkonfitüre füllen.

▶ **Tipp:** Äpfel gibt es das ganze Jahr über. An einem kühlen luftigen Ort kann man sie zwei Wochen lagern. Den Aufenthalt im Kühlschrank mögen sie nicht. Ein Apfel pro Tag hält den Doktor fern, heißt es im Volksmund, denn Äpfel haben einen hohen Gehalt an Vitaminen, Mineral- und Ballaststoffen. Besonders gut zum Backen eignen sich die Sorten Jonagold, Ingrid Marie, Cox Orange, Boskop, Gravensteiner.

8 Die Apfelhälften auf dem Teig anordnen und etwas hineindrücken.

9 Die Äpfel mit den Mandelstiften bestreuen.

10 Im vorgeheizten Backofen bei 180 °C (Gas Stufe 2, Umluft 160 °C) etwa 40 Minuten backen.

11 Den Kuchen herausnehmen und auskühlen lassen.

12 Wer es besonders saftig mag, bestreicht den Kuchen zusätzlich mit 150 Gramm erwärmter Orangenkonfitüre. Zum Schluss mit Puderzucker bestäuben.

Mohn-Quark-Kuchen

Hefeteig (▶ Seite 12)

Fein
Für Gäste
1 ausziehbares Backblech (33–52 cm)

Zutaten

- 500 g Mehl
- 30 g Hefe
- 100 g Zucker
- 200 ml lauwarme Milch
- 150 g Butter
- 1 Pck. Vanillezucker
- 1 Ei
- 1 Prise Salz

Mohnmasse

- 1/4 l Milch
- 50 g Butter
- 2 EL Zucker
- 1 Prise Salz
- 1 EL Grieß
- 250 g gemahlener Mohn
- 1 Msp. Zimt
- 100 g Korinthen
- 1 Ei

▶ Tipp: Der Hefeteig geht schneller auf, wenn er in einer großen Plastikschüssel mit Deckel bei 50 °C in den Backofen gestellt wird. Sobald sich der Deckel geöffnet hat, den Teig durchkneten, den Deckel schließen und ihn wieder in den Ofen stellen.

Quarkmasse

- 400 g Sahnequark
- 100 g Crème fraîche
- 50 g weiche Butter
- 100 g Zucker
- 2 Eier
- 1 EL Speisestärke
- 6 EL Sahne
- 1 Prise Salz
- 225 g gehackte Mandeln

Dekoration

- 80 g zerlassene Butter
- Puderzucker zum Bestäuben

1 Für den Teig das Mehl in eine Schüssel sieben und in die Mitte eine Vertiefung drücken.

2 Hefe und 1 Teelöffel Zucker in 100 Milliliter Milch verrühren und in die Vertiefung gießen.

3 Etwas Mehl vom Rand zufügen und mit leichtem Rühren einen breiartigen Vorteig bereiten.

4 Zugedeckt an einem warmen Platz 20 Minuten gehen lassen.

5 Auf dem Mehlrand die Butter in Flöckchen, den restlichen Zucker, den Vanillezucker, Ei und Salz verteilen.

6 Die Zutaten von der Mitte her zu einem glatten, geschmeidigen Teig verkneten und dabei die restliche Milch zufügen.

7 Zugedeckt an einem warmen Ort 30 Minuten gehen lassen.

8 Für die Mohnmasse Milch, Butter, Zucker und Salz in einen Topf geben, kurz aufkochen lassen, den Grieß zufügen und auf der ausgeschalteten Herdplatte ausquellen lassen.

9 Mohn und Zimt einrühren und auf Zimmertemperatur auskühlen lassen.

10 Die Korinthen waschen und abtropfen lassen.

11 Die Korinthen und das Ei unter die Mohnmasse rühren.

12 Für die Quarkmasse Quark, Crème fraîche, Butter und Zucker gut miteinander verrühren.

13 Eier, Speisestärke, Sahne, Salz und 100 Gramm von den gehackten Mandeln zugeben und unterrühren.

14 Den Teig durchkneten und auf bemehlter Fläche ausrollen.

15 Ein Backblech einfetten, den Teig auflegen, einen Rand hochziehen. Mit einer Gabel den Teig mehrmals einstechen.

16 In diagonalen Streifen abwechselnd die Mohn- und Quarkmasse auf dem Teig verteilen.

17 Zum Schluss die restlichen 125 Gramm der gehackten Mandeln über den Kuchen streuen.

18 Im vorgeheizten Backofen bei 180 °C (Gas Stufe 2, Umluft 160 °C) etwa 40 Minuten backen.

19 Den Kuchen herausnehmen, mit zerlassener Butter bestreichen und mit Puderzucker bestäuben.

Mohnkuchen mit Guss

Rührteig (▸ Seite 13)

Fein
Gelingt leicht
1 Backblech, 30 x 33 cm

Zutaten

- **200 ml Milch**
- **250 g gemahlener Mohn, 200 g Zucker**
- **1 Prise Salz**
- **1/2 TL abgeriebene, unbehandelte Zitronenschale**
- **2 Eier**
- **2 EL Weinbrand**
- **350 g Mehl**
- **1/2 Pck. Backpulver**

Guss

- **200 g Puderzucker**
- **3 EL Zitronensaft**

1 Für den Teig die Milch in einem Topf zum Kochen bringen, vom Herd nehmen.

2 Den Mohn in eine Schüssel geben und mit der siedend heißen Milch übergießen. Umrühren und auskühlen lassen.

3 Dann Zucker, Salz, Zitronenschale, Eier und Weinbrand in die Mohnmasse einrühren.

4 Mehl und Backpulver vermischen, sieben und nach und nach zum Teig geben.

5 Ein Backblech mit Backpapier belegen. Den Teig darauf geben und glatt streichen.

6 Im vorgeheizten Backofen bei 180 °C (Gas Stufe 2, Umluft 160 °C) etwa 35 Minuten backen.

▶ **Tipp:** Im Prinzip ist es egal, ob man weiße oder braune Eier bevorzugt. Sie haben den gleichen Inhalt. Nur ist die braune Schale etwas dicker als die weiße. Sie können aber den Farbunterschied für Ihre Vorratshaltung nutzen, wenn Sie abwechselnd weiße und braune Eier kaufen. Auf diese Weise wissen Sie immer, welche Eier frischer sind.

7 Den Kuchen herausnehmen, mit dem Papier vom Blech ziehen und das Papier ablösen. Auskühlen lassen.

8 Für den Guss den Puderzucker sieben und mit Zitronensaft verrühren. Den Kuchen damit überziehen.

Quarkkuchen mit Beerenobst

Biskuitteig (▶ Seite 13 f.)

Fein und festlich
Für Gäste
1 Backblech, 30 x 40 cm

Zutaten

- **6 Eier**
- **200 g Zucker**
- **1 Pck. Vanillezucker**
- **1 Prise Salz**
- **175 g Mehl**
- **50 g Speisestärke**
- **1 TL Backpulver**
- **50 g Butter**

Belag

- **500 g abgetropfter Quark**
- **150 g Jogurt**
- **4 EL Zucker**
- **2 Pck. Vanillezucker**
- **Saft von 1/2 Zitrone**
- **4 Blatt weiße Gelatine**
- **300 g Sahne**
- **400 g Himbeeren**
- **600 g Beerenobst (Erdbeeren, Himbeeren, Brombeeren, Heidelbeeren)**

Dekoration

- **Minzeblättchen**
- **80 g weiße Raspelschokolade**

1 Für den Teig die Eier trennen. Das Eigelb in eine Schüssel geben und mit zwei Esslöffeln warmem Wasser schaumig schlagen.

2 Nach und nach Zucker und Vanillezucker zufügen. So lange weiterschlagen, bis die Masse schön cremig ist.

3 Das Eiweiß mit etwas Salz steif schlagen und unterziehen.

4 Mehl, Speisestärke und Backpulver vermischen und auf die Eimasse sieben.

5 Mit der zerlassenen, abgekühlten Butter unterheben. Dabei nicht rühren.

6 Ein Backblech mit Backpapier auslegen, den Teig darauf geben und glatt streichen.

7 Im vorgeheizten Backofen bei 180 °C (Gas Stufe 2, Umluft 160 °C) etwa 30 Minuten backen.

8 Den Kuchen herausnehmen und etwas auskühlen lassen. Das Backpapier entfernen.

9 Für den Belag den Quark durch ein feines Sieb streichen.

10 Den Quark mit Jogurt, Zucker, Vanillezucker und Zitronensaft verrühren.

11 Die Gelatine in 4 Esslöffel kaltem Wasser einweichen, erwärmen, auflösen und unter die Quarkmasse rühren.

12 Dann die Sahne steif schlagen und ebenfalls unterheben.

13 Die Himbeeren unter fließendem Wasser kurz waschen und gut abtropfen lassen.

14 Die Himbeeren pürieren und zur Quarkmasse geben. Die Masse für 2 Stunden in den Kühlschrank stellen.

15 Den Teigboden gleichmäßig mit der Quarkmasse bestreichen.

16 Die Beeren waschen und putzen, die Erdbeeren halbieren.

17 Die Beeren dekorativ auf dem Kuchen verteilen.

18 Die Minzeblättchen zwischen die Beeren streuen.

19 Zum Schluss die geraspelte Schokolade aufstreuen.

Aprikosenkuchen mit Mandeldecke

Knetteig (► Seite 12)

Frisch und fruchtig
Braucht etwas Zeit
1 Backblech 30 x 33 cm

Zutaten

- 250 g Mehl
- 1/2 Pck. Backpulver
- 125 g Zucker
- 1 Pck. Vanillezucker
- 2 Eier
- 125 g kalte Butter

Belag

- 250 g TK-Blätterteig
- 500 g Aprikosenkonfitüre
- 1 kg Aprikosen
- 250 g Butter
- 250 g Zucker
- 250 g gehackte
- Mandeln
- 2 Eier
- 2 EL Milch

► **Tipp:** Beim Einkauf von Aprikosen sollte man sich nur für reife Früchte entscheiden. Man erkennt sie daran, dass sie auf leichten Fingerdruck nachgeben, eine straffe Haut besitzen und angenehm duften. Aprikosen sollten möglichst noch am Einkaufstag verbraucht werden, denn sie werden schnell welk und ihr Aroma geht verloren. Die kleinen Früchtchen lassen sich leicht häuten, wenn man sie kurz in kochendes Wasser gibt, in kaltem Wasser abschreckt und abtropfen lässt. Aprikosen gehören zu den Obstsorten mit dem meisten Provitamin A (Beta-Carotin), sie sind also gut für die Haut und unterstützen die Sehkraft.

1 Für den Belag zunächst den Blätterteig auftauen lassen.

2 Für den Teig Mehl und Backpulver vermischen und in eine Schüssel sieben. In die Mitte eine Vertiefung drücken.

3 Zucker, Vanillezucker und Eier in die Vertiefung geben und mit einem Teil des Mehls einen dicken Brei herstellen.

4 Die kalte Butter in Stücken auf den Brei geben und mit Mehl bedecken.

5 Von der Mitte her alles rasch zu einem glatten Teig verkneten und dann 30 Minuten kalt stellen.

6 Ein Backblech einfetten. Den Teig zu einer Rolle formen, auf bemehlter Fläche ausrollen und auf das Backblech geben.

7 Den ganzen Teigboden mit einer Gabel mehrmals einstechen.

8 Die Aprikosenkonfitüre durch ein feines Sieb streichen und anschließend gleichmäßig auf dem Teig verteilen.

9 Die gewaschenen Aprikosen halbieren, entsteinen und in Spalten schneiden. Die Aprikosenspalten nach Belieben auf dem Teig anordnen.

10 Den aufgetauten Blätterteig ausrollen und auf die Aprikosen legen.

11 Die Butter und den Zucker in einem Topf erhitzen und die Mandeln einrühren. Das Ganze kurz aufwallen lassen.

12 Den Topf vom Herd nehmen und etwas auskühlen lassen.

13 Eier und Milch einrühren, die Masse auf den Blätterteig streichen.

14 Den Kuchen im vorgeheizten Backofen bei 180 °C (Gas Stufe 2, Umluft 160 °C) etwa 45 Minuten backen.

Stachelbeerkuchen

Knetteig (▶ Seite 12)

Aromatisch und fein
Für Gäste
1 Backblech, 30 x 40 cm

Zutaten

- 300 g Mehl
- 2 gestr. TL Backpulver
- 125 g Zucker
- 2 Eigelb
- 1 Prise Salz
- 2 EL Milch
- 100 g kalte Butter
- 2 EL Zwiebackbrösel

Belag

- 1,2 kg Stachelbeeren
- 2 EL Speisestärke
- 1/2 l Weißwein
- 250 g Zucker
- 100 g gehackte Mandeln
- 5 Eiweiß

1 Für den Teig das Mehl mit dem Backpulver vermischen, auf ein Backbrett sieben und in die Mitte eine Vertiefung drücken.

2 Zucker, Eigelb, Salz und Milch in die Vertiefung geben, die Butter in Stücken aufsetzen.

3 Von der Mitte her alles sofort zu einem geschmeidigen Teig verkneten. Den Teig für 30 Minuten kalt stellen.

4 Für den Belag die Stachelbeeren putzen, waschen und abtropfen lassen.

5 Die Speisestärke in etwas Weißwein glatt rühren.

6 Den restlichen Weißwein in einem Topf mit 200 Gramm Zucker zum Kochen bringen.

7 Die Stachelbeeren hineingeben und 5 Minuten köcheln lassen.

8 Die Stachelbeeren mit einer Schaumkelle herausnehmen.

9 Die angerührte Speisestärke in die Flüssigkeit einrühren und aufwallen lassen.

10 Die Stachelbeeren zugeben und das Ganze kalt stellen.

11 Den Teig auf bemehlter Fläche ausrollen.

12 Ein Backblech mit Butter oder neutralem Öl einfetten und den Teig darauf legen. Einen Rand hochziehen.

▶ **Tipp:** Zwieback- oder Semmelbrösel brauchen Sie immer wieder zum Ausstreuen von Blechen und Formen. Wenn Sie Weißbrotreste übrig haben, sollten Sie diese trocknen lassen und reiben.

13 Im vorgeheizten Backofen bei 180 °C (Gas Stufe 2, Umluft 160 °C) 10 Minuten vorbacken.

14 Den Teig mit Zwiebackbröseln bestreuen.

15 Die Stachelbeermasse auf dem Teig verteilen und mit den Mandeln bestreuen.

16 Das Eiweiß mit dem restlichen Zucker steif schlagen und auf die Stachelbeermasse geben.

17 Den Kuchen in den Ofen schieben und weitere 12 Minuten backen.

Feiner Quarkkuchen mit Streuseln

Hefeteig (▸ Seite 12)

Aromatisch
Für Gäste
1 Backblech, 30 x 40 cm

Zutaten

- **400 g Mehl**
- **25 g Hefe**
- **1 EL Zucker**
- **200 ml lauwarme Milch**
- **50 g weiche Butter**
- **1 Prise Salz**

Belag

- **1 kg abgetropfter Quark**
- **3 Eier**
- **3 EL Zucker**
- **3 EL Zitronensaft**
- **1 TL abgeriebene, unbehandelte Zitronenschale**
- **100 g Sahne**

Streusel

- **125 g Butter**
- **125 g Zucker**
- **125 g Mehl**

Guss

- **1 Pck. Vanille-Puddingpulver**
- **400 ml Milch**
- **2 EL Zucker**
- **1 Prise Salz**
- **2 Eier**
- **150 g Butter**
- **1 TL Speisestärke**
- **100 g Sahne**

▸ **Tipp:** Bewahren Sie die Reste von Hefekuchen in einer Frischhaltebox auf!

1 Für den Teig das Mehl in eine Schüssel sieben und in die Mitte eine Vertiefung drücken.

2 Hefe und Zucker in der Milch verquirlen, in die Vertiefung gießen, mit Mehl bedecken, einen dickflüssigen Brei bereiten. Zugedeckt an einem warmen Ort 20 Minuten gehen lassen.

3 Auf dem Mehlrand Butter und Salz verteilen. Die Zutaten von der Mitte her zu einem geschmeidigen Teig verkneten. Zugedeckt 30 Minuten an einem warmen Ort gehen lassen.

4 Für den Belag den Quark durch ein Sieb streichen und mit Eiern, Zucker, Zitronensaft, Zitronenschale und Sahne verrühren.

5 Für die Streusel Butter, Zucker und Mehl vermischen. Mit zwei Gabeln oder den Händen daraus Streusel bereiten.

6 Für den Guss das Puddingpulver in etwas kalter Milch glatt rühren.

7 Dann die restliche Milch mit dem Zucker und dem Salz in einem Topf zum Kochen bringen.

8 Das angerührte Puddingpulver hineingeben und unter Rühren aufkochen lassen.

9 Den Pudding etwas auskühlen lassen, dabei ab und zu umrühren, damit sich keine Haut bildet.

10 Den Teig durchkneten und auf bemehlter Fläche ausrollen.

11 Ein Backblech einfetten. Den Teig darauf geben, einen Rand hochziehen.

12 Die Quarkmasse auf dem Teig verteilen und darauf die Streusel geben.

13 Zum Pudding die Eier, Butter, Speisestärke und Sahne geben.

14 Alles gut verrühren und den Kuchen damit überziehen.

15 Im vorgeheizten Backofen bei 180 °C (Gas Stufe 2, Umluft 160 °C) etwa 40 Minuten backen.

Quarkkuchen mit Lukullusdecke

Hefeteig (▸ Seite 12)

Fein und aromatisch
Für Gäste
1 ausziehbares Backblech (33–52 cm)

Zutaten

- 500 g Mehl
- 30 g Hefe
- 3 EL Zucker
- 1/4 l lauwarme Milch
- 100 g Butter
- 1 Pck. Vanillezucker
- 1 Prise Salz

Belag

- 750 g abgetropfter Quark
- 4 EL Sahne
- 1 EL Zucker
- 200 g Kokosraspel
- 1 TL abgeriebene, unbehandelte Orangenschale

Glasur

- 200 g Kokosfett
- 250 g Puderzucker
- 3 EL Kakao
- 2 Eier

1 Für den Teig das Mehl in eine Schüssel sieben und in die Mitte eine Vertiefung drücken.

2 Die Hefe mit 1 Teelöffel Zucker in etwas Milch verquirlen, in die Vertiefung gießen und etwas Mehl darüber stäuben.

3 Den Teig zugedeckt an einem warmen Ort 20 Minuten gehen lassen.

4 Den restlichen Zucker, die Butter in Flöckchen, Vanillezucker und Salz auf dem Mehlrand verteilen.

5 Von der Mitte her die Zutaten zu einem glatten Teig verkneten, dabei die restliche Milch zugeben.

6 Nochmals den Teig zugedeckt an einen warmen Platz stellen und 30 Minuten gehen lassen.

7 Den Teig auf bemehlter Fläche ausrollen. Ein Backblech einfetten, den Teig auflegen.

8 Einen Rand hochziehen, den Teig mehrmals mit einer Gabel einstechen.

9 Für den Belag den Quark mit Sahne, Zucker, Kokosraspeln und abgeriebener Orangenschale vermischen und auf den Teig streichen.

10 Im vorgeheizten Backofen bei 180 °C (Gas Stufe 2, Umluft 160 °C) etwa 35 Minuten backen. Bei der Garprobe sollte nichts am Holzstäbchen kleben bleiben.

11 Den Kuchen herausnehmen und auskühlen lassen.

12 Für die Glasur das Kokosfett in einem Topf schmelzen und anschließend auskühlen lassen.

13 Zucker, Kakao und Eier verrühren und das Kokosfett allmählich einrühren. Den Kuchen damit überziehen. Zum Schluss mit einer Gabel dekorative Wellenmuster in die Glasur ziehen.

▸ **Tipp:** Luxuriös, aber sehr lecker: Verwenden Sie selbst gemachte Kokosnussraspel aus der frischen Nuss. Wenn Sie eine frische Kokosnuss schütteln, hören Sie das Wasser im Inneren schwappen. Ist kein Geräusch zu hören, ist das Wasser schon eingetrocknet und die Nuss nicht mehr frisch. Die Augen an der Oberseite werden mit einem Bohrer oder Korkenzieher angebohrt, dann kann das Wasser abfließen. Mit einem Hammer die Schale sprengen, das Kokosfleisch mit einem Löffel herauslösen und in der Küchenmaschine raspeln.

Dresdner Eierschecke

Hefeteig (▶ Seite 12)

Klassisch und fein
Für Gäste
1 ausziehbares Backblech
(33–52 cm)

Zutaten

- 500 g Mehl
- 30 g Hefe
- 125 g Zucker
- 1/4 l lauwarme Milch
- 150 g Butter
- 1 Pck. Vanillezucker
- 1 Prise Salz

Belag

- 100 g Butter
- 200 g Zucker
- 3 Eier
- 1 kg abgetropfter Quark
- 1 Pck. Vanille-Puddingpulver
- 1/2 TL abgeriebene, unbehandelte Zitronenschale
- 1 Prise Salz
- 2 EL geriebene Mandeln

Decke

- 6 Eier
- 100 g Butter
- 100 g Zucker
- 1 EL Mehl
- 1 Prise Salz

▶ Tipp: Bestäuben Sie die Eierschecke mit Puderzucker – das versteckt auch eine zu dunkle Oberfläche.

1 Für den Teig das Mehl in eine Schüssel sieben und in die Mitte eine Vertiefung drücken.

2 Hefe und 1 Teelöffel Zucker in 1/8 Liter Milch verrühren, in die Vertiefung gießen, etwas Mehl vom Rand dazugeben und einen breiartigen Vorteig herstellen.

3 Zugedeckt an einem warmen Ort 20 Minuten gehen lassen.

4 Den restlichen Zucker, die Butter, den Vanillezucker und das Salz auf den Mehlrand geben.

5 Von der Mitte her die Zutaten verkneten, dabei die restliche Milch zufügen.

6 Den Teig zugedeckt an einen warmen Platz stellen und nochmals 30 Minuten gehen lassen.

7 Den Teig durchkneten und auf bemehlter Fläche ausrollen.

8 Ein Backblech einfetten und den Teig auflegen.

9 Einen Rand hochziehen. Den Teig mit einer Gabel mehrmals einstechen.

10 Für den Belag zunächst 100 Gramm Butter schaumig schlagen.

11 Nach und nach den Zucker, Eier, Quark, Puddingpulver, Zitronenschale, Salz und Mandeln untermischen. Die Masse auf den Teig streichen.

12 Für die Decke die Eier in Eiweiß und Eigelb trennen. Die Butter schmelzen.

13 Eigelb mit dem Zucker und der abgekühlten Butter schaumig schlagen. Das Mehl unterrühren.

14 Eiweiß mit dem Salz steif schlagen und unter die Eiercreme heben.

15 Die Creme auf der Quarkmasse verteilen und glatt streichen.

16 Im vorgeheizten Backofen bei 180 °C (Gas Stufe 2, Umluft 160 °C) etwa 45 Minuten backen.

17 Die Oberhitze nach etwa 25 Minuten etwas reduzieren oder den Kuchen mit Alufolie abdecken, damit die Eiercreme nicht zu dunkel wird.

Eierschecke auf böhmische Art

Hefeteig (▸ Seite 12)

Aromatisch und festlich
Für Gäste
1 ausziehbares Backblech (33–52 cm)

Zutaten

- 500 g Mehl
- 30 g Hefe
- 100 g Zucker
- 1/4 l lauwarme Milch
- 80 g Butter
- 1 Päckchen Vanillezucker
- 1 Prise Salz
- 1/2 TL abgeriebene, unbehandelte Zitronenschale
- 3 geriebene bittere Mandeln

Quarkmasse

- 150 g Rosinen
- 6 EL Rum
- 80 g Butter
- 200 g Zucker
- 4 Eier
- 1 kg abgetropfter Quark
- 1 Pck. Mandel-Puddingpulver
- 100 ml Milch
- 1 kräftige Prise Salz
- 1/2 TL abgeriebene, unbehandelte Zitronenschale

Schaummasse

- 4 Eier
- 80 g Butter
- 80 g Zucker
- 1 Pck. Vanillezucker
- 3 geriebene bittere Mandeln
- 1 Prise Salz

1 Für den Teig das Mehl in eine Schüssel sieben und in die Mitte eine Vertiefung drücken.

2 Die Hefe mit 1 Teelöffel Zucker in etwas Milch verquirlen und in die Vertiefung gießen. Etwas Mehl darüber stäuben.

3 Zugedeckt an einem warmen Ort 20 Minuten gehen lassen.

4 Die Butter in Flöckchen, den restlichen Zucker, Vanillezucker, Salz, Zitronenschale und Mandeln auf dem Mehlrand anordnen.

5 Von der Mitte her die Zutaten zu einem glatten Teig verarbeiten, dabei die restliche Milch zufügen. Zugedeckt 30 Minuten gehen lassen.

6 Den Teig zusammenschlagen, kurz durchkneten und auf bemehlter Fläche ausrollen.

7 Ein Backblech ausbuttern, den Teig auflegen und einen Rand hochziehen. Den Teig mit einer Gabel mehrmals einstechen.

8 Für die Quarkmasse die Rosinen waschen, trockentupfen, in eine Tasse geben und 3 Esslöffel Rum darüber geben.

9 Die Butter schaumig schlagen, Zucker, Eier, den abgetropften Quark, Puddingpulver, Milch, Salz, Zitronenschale und die Rumrosinen einrühren.

10 Die Masse so lange schlagen, bis sie cremig ist. Die Quarkmasse auf den Teig streichen.

11 Für die Schaummasse die Eier trennen. Die Butter schaumig schlagen. Zucker, Vanillezucker, Mandeln, Salz, Eigelb und den restlichen Rum unterrühren.

12 Das Eiweiß steif schlagen und vorsichtig unterheben. Die Schaummasse auf den Quark streichen.

13 Im vorgeheizten Backofen bei 180 °C (Gas Stufe 2, Umluft 160 °C) etwa 35 Minuten backen. Die Oberhitze reduzieren oder den Kuchen abdecken, damit der Belag nicht zu dunkel wird.

Kirmeskuchen

Hefeteig (▸ Seite 12)

Klassisch und fein
Für Gäste
1 ausziehbares Backblech
(33–52 cm)

Zutaten

- 500 g Mehl
- 30 g Hefe
- 80 g Zucker
- 1/4 l lauwarme Milch
- 1 Prise Salz
- 80 g Butter

Belag

- 150 g Rosinen
- 3 EL Weinbrand
- 100 g Butter
- 200 g Zucker
- 3 Eier
- 1 kg abgetropfter Quark
- 1 Pck. Vanille-Puddingpulver
- 100 ml Milch
- 1 Prise Salz
- 1/2 TL abgeriebene, unbehandelte Zitronenschale

Streusel

- 200 g Mehl
- 150 g Butter
- 150 g Zucker

1 Für den Teig das Mehl in eine Schüssel sieben und in die Mitte eine Vertiefung drücken.

2 Die Hefe und 1 Teelöffel Zucker in 1/8 Liter Milch verquirlen, in die Vertiefung gießen, etwas Mehl vom Rand zugeben und einen breiartigen Vorteig rühren.

3 Den Teig zugedeckt an einem warmen Ort 20 Minuten gehen lassen.

4 Den restlichen Zucker, Salz und Butter auf den Mehlrand geben. Alles gut verkneten, dabei die restliche Milch einarbeiten.

5 Den Teig zugedeckt nochmals an einem warmen Platz 30 Minuten gehen lassen.

6 Für den Belag die Rosinen waschen und abtropfen lassen.

7 Die Rosinen mit dem Weinbrand beträufeln und beiseite stellen.

8 Die Butter in eine Schüssel geben und mit dem Zucker und den Eiern cremig rühren.

9 Nach und nach den Quark, Puddingpulver, Milch, Salz, Zitronenschale und die Weinbrandrosinen untermischen.

10 Für die Streusel das Mehl in eine Schüssel sieben, dann die Butter in Flöckchen und den Zucker dazugeben.

11 Mit zwei Gabeln oder mit den Händen daraus Streusel herstellen.

12 Den Teig zusammenstoßen, durchkneten und auf bemehlter Fläche ausrollen.

13 Ein Backblech einfetten, den Teig auflegen.

14 Einen Rand hochziehen. Den Teig mehrmals mit der Gabel einstechen.

15 Die Quarkmasse auf den Teig streichen und mit den Streuseln bestreuen.

16 Im vorgeheizten Backofen bei 180 °C (Gas Stufe 2, Umluft 160 °C) etwa 40 Minuten backen.

Johannisbeerkuchen

Hefeteig (► Seite 12)

(► Seite 12)

Fein und fruchtig
Für Gäste
1 ausziehbares Backblech (33–52 cm)

Zutaten

- 500 g Mehl
- 30 g Hefe
- 80 g Zucker
- 1/4 l lauwarme Milch
- 80 g weiche Butter
- 1 Prise Salz
- 1 Pck. Vanillezucker

Belag

- 1 Pck. Vanille-Puddingpulver
- 1/2 l Milch
- 300 g Zucker
- 150 g gehackte Mandeln
- 1 1/2 kg Johannisbeeren
- 250 g Kokosraspel
- 100 g Mehl
- 1 Ei
- 125 g Butter
- 125 g saure Sahne

Glasur

- 200 g Puderzucker
- 4 EL Kakao
- 50 g Kokosfett

1 Für den Teig das Mehl in eine Schüssel sieben und in die Mitte eine Vertiefung drücken. Die Hefe mit 1 Teelöffel Zucker in etwas Milch verrühren.

2 Die Hefe-Milch in die Vertiefung gießen, etwas Mehl darüber stäuben. Zugedeckt an einem warmen Ort 20 Minuten gehen lassen.

3 Auf dem Mehlrand den restlichen Zucker, die Butter in Flöckchen, Salz und Vanillezucker verteilen.

4 Von der Mitte her die Zutaten zu einem glatten Teig verkneten, dabei die restliche Milch zufügen. Zugedeckt an einen warmen Platz stellen und 30 Minuten gehen lassen.

5 Für den Belag das Puddingpulver in etwas kalter Milch verrühren.

6 Die restliche Milch in einem Topf mit 3 Esslöffel Zucker zum Kochen bringen, das Puddingpulver einrühren und aufkochen lassen.

7 Den Topf vom Herd nehmen und kalt stellen. Ab und zu umrühren, damit sich keine Haut bildet.

8 Die Mandeln in den abgekühlten Pudding rühren.

9 Die Johannisbeeren waschen und von den Rispen streifen.

10 Ein Backblech einfetten. Den Teig nochmals durchkneten, auf bemehlter Fläche ausrollen.

11 Den Teig auf das Backblech geben. Einen Rand hochziehen, den Teig mit einer Gabel mehrmals einstechen.

12 Den Pudding auf den Teig streichen und mit den Beeren belegen.

13 Die Kokosraspel mit dem restlichen Zucker, Mehl, Ei, Butter und Sahne verrühren. Mit einem Löffel kleine Fladen auf die Beeren setzen.

14 Im vorgeheizten Backofen bei 180 °C (Gas Stufe 2, Umluft 160 °C) etwa 40 Minuten backen.

15 Den Kuchen herausnehmen und auskühlen lassen.

16 Für die Glasur Puderzucker sieben und mit Kakao, 2 Esslöffel heißem Wasser und zerlassenem, ausgekühlten Kokosfett verrühren. Die Glasur durch die feine Tülle des Spritzbeutels in spiralförmigen Mustern auf dem Kuchen verteilen.

Kirschkuchen mit Streuseln

Hefeteig (▸ Seite 12)

Appetitlich und fein
Für Gäste
1 ausziehbares Backblech (33–52 cm)

Zutaten

- **500 g Mehl**
- **30 g Hefe**
- **4 EL Zucker**
- **1/4 l lauwarme Milch**
- **100 g Butter**
- **1 Ei**
- **1 Prise Salz**
- **1 TL abgeriebene, unbehandelte Zitronenschale**
- **1 Prise Muskat**

Belag

- **1 1/2 kg entsteinte Sauerkirschen**

Streusel

- **200 g Mehl**
- **200 g Zucker**
- **175 g Butterschmalz**
- **100 g gemahlene Mandeln**
- **1 TL Zimt**
- **1 Prise Salz**

Dekoration

- **Zucker zum Bestreuen**

▸ Tipp: Wenn das Backblech eingefettet werden muss, kann man es kurz im warmen Backofen vorwärmen, dann ist es einfacher.
Eine andere Möglichkeit ist, über die Rückseite des Backblechs heißes Wasser laufen zu lassen. Dann schnell abtrocknen und Fett auf das Blech geben. Es wird verteilt, indem man das Blech hin- und herschwenkt, oder mithilfe eines Backpinsels.

1 Das Mehl in eine Schüssel sieben und in die Mitte eine Vertiefung drücken.

2 Die Hefe mit 1 Teelöffel Zucker in 1/8 Liter Milch verquirlen und in die Vertiefung geben.

3 Etwas Mehl vom Rand zugeben und einen breiartigen Vorteig rühren.

4 Zugedeckt an einem warmen Ort 20 Minuten gehen lassen.

5 Den restlichen Zucker, die Butter in Flöckchen, Ei, Salz, Zitronenschale und Muskat auf dem Mehlrand verteilen.

6 Von der Mitte her alle Zutaten miteinander zu einem glatten Teig verkneten, dabei die restliche Milch zufügen.

7 Den Teig zugedeckt an einen warmen Platz stellen und 30 Minuten gehen lassen.

8 Den Teig nochmals gut durchkneten und auf bemehlter Fläche ausrollen.

9 Ein Backblech einfetten. Den Teig auf das Backblech geben.

10 Einen Rand hochziehen. Den Teig mit einer Gabel mehrmals einstechen.

11 Für den Belag die Kirschen abtropfen lassen und auf dem Teig verteilen.

12 Für die Streusel Mehl, Zucker, Butterschmalz, Mandeln, Zimt und Salz vermischen.

13 Mit zwei Gabeln oder den Händen daraus Streusel bereiten und auf die Kirschen streuen.

14 Im vorgeheizten Backofen bei 180 °C (Gas Stufe 2, Umluft 160 °C) etwa 35 Minuten backen.

15 Den Kuchen herausnehmen und sofort mit Zucker bestreuen.

Brombeer-Quark-Streusel

Hefeteig (▶ Seite 12)

Fein und festlich
Für Gäste
1 Backblech, 30 x 40 cm

Zutaten

- 400 g Mehl
- 25 g Hefe
- 100 g Zucker
- 200 ml lauwarme Milch
- 100 g Butter
- 1 Ei
- 1 Prise Salz
- 1/2 TL abgeriebene, unbehandelte Zitronenschale

Belag

- 1 kg Brombeeren
- 100 g Sahnequark
- 150 g Crème fraîche
- 1 Eigelb
- 2 Pck. Vanillezucker
- 1 TL abgeriebene, unbehandelte Orangenschale

Streusel

- 200 g Mehl
- 150 g Zucker
- 1 Eigelb
- 175 g Butterschmalz

Dekoration

- Puderzucker zum Bestäuben

1 Das Mehl in eine Schüssel sieben, in die Mitte eine Vertiefung drücken.

2 Die Hefe mit 1 Teelöffel Zucker in 100 Milliliter Milch verrühren, in die Vertiefung gießen, etwas Mehl vom Rand zufügen und einen breiartigen Vorteig bereiten.

3 Zugedeckt an einen warmen Platz stellen und 20 Minuten gehen lassen.

4 Auf dem Mehlrand den restlichen Zucker, die Butter in Flöckchen, Ei, Salz und die Zitronenschale verteilen.

5 Von der Mitte her die Zutaten zu einem glatten, geschmeidigen Teig verkneten, dabei die restliche Milch zufügen.

6 Zugedeckt an einem warmen Ort 30 Minuten gehen lassen.

7 Den Teig nochmals durchkneten und auf bemehlter Fläche ausrollen.

8 Ein Backblech einfetten. Den Teig darauf geben. Einen Rand hochziehen. Den Teig mit einer Gabel mehrmals einstechen.

9 Für den Belag die Brombeeren waschen und abtropfen lassen.

▶ **Tipp:** Die Verwendung von Butterschmalz in den Streuseln ist eine gute Alternative zu normaler Butter: Der Buttergeschmack und das gute Aroma verbinden sich hier mit hervorragenden Backeigenschaften.

10 Den Sahnequark in eine Schüssel geben und mit Crème fraîche, Eigelb, Vanillezucker und Orangenschale verrühren.

11 Die Quarkmasse auf den Teig streichen und mit den Brombeeren belegen.

12 Für die Streusel Mehl, Zucker, Eigelb und Butterschmalz vermischen.

13 Mit zwei Gabeln oder den Händen daraus Streusel bereiten. Die Streusel auf den Brombeeren verteilen.

14 Im vorgeheizten Backofen bei 180 °C (Gas Stufe 2, Umluft 160 °C) etwa 30 Minuten backen.

15 Den Kuchen herausnehmen, auskühlen lassen und mit Puderzucker bestäuben.

Rotwein-Kirsch-Kuchen

Rührteig (▸ Seite 13)

Aromatisch und raffiniert
Für Gäste
1 Backblech, 30 x 40 cm

Zutaten

- 200 g weiche Butter
- 200 g Zucker
- 3 Eier
- 1 Prise Salz
- 200 g Mehl
- 30 g Speisestärke
- 2 gestr. TL Backpulver
- 125 g gemahlene Haselnüsse
- 3 EL Milch
- 200 g Zartbitter-Schokolade
- 1 kg entsteinte Sauerkirschen
- 2 EL gehackte Haselnüsse

Belag

- 1 Pck. Kirsche-Puddingpulver
- 3 EL Zucker
- 450 ml Rotwein
- 1 Eigelb
- 200 g Butter
- 50 g Kokosfett

▸ Tipp: Eingelegte Sauerkirschen sollten vor dem Belegen in einem Sieb gut abtropfen können. Fangen Sie den Saft auf und verwenden ihn in der Glasur.

Glasur

- 3 Blatt rote Gelatine
- 3 EL Kirschlikör
- 300 ml Kirschsaft
- 100 g weiße Kuvertüre

1 Die Butter in einer Schüssel schaumig rühren. Den Zucker unterrühren. Eier und Salz einrühren.

2 Mehl, Speisestärke und Backpulver vermischen, sieben und mit Haselnüssen und Milch unter den Teig rühren. Die Schokolade zerkleinern und unterheben.

3 Ein Backblech einfetten, den Teig darauf geben und glatt streichen. Die Sauerkirschen darauf anordnen, die Haselnüsse aufstreuen.

4 Im vorgeheizten Backofen bei 180 °C (Gas Stufe 2, Umluft 160 °C) etwa 35 Minuten backen.

5 Den Kuchen herausnehmen und auskühlen lassen.

6 Das Puddingpulver und den Zucker in etwas Rotwein glatt rühren.

7 Den restlichen Rotwein in einem Topf zum Kochen bringen.

8 Das angerührte Puddingpulver einrühren, zum Kochen bringen und aufwallen lassen.

9 Den Topf vom Herd nehmen und den Pudding auskühlen lassen.

10 Dabei mehrmals umrühren, damit sich keine Haut bildet.

11 Das Eigelb einrühren. Butter und Kokosfett zerlassen, den Pudding esslöffelweise unterrühren.

12 Den Kuchen damit bestreichen.

13 Die Gelatine in etwas kaltem Wasser einweichen und ausdrücken.

14 Gelatine im leicht erwärmten Kirschlikör auflösen und mit dem Kirschsaft verrühren.

15 Sobald die Masse zu gelieren beginnt, den Kuchen damit gleichmäßig überziehen.

16 Die Kuvertüre im heißen Wasserbad zum Schmelzen bringen, den Kuchen mit feinen Wellenlinien verzieren.

Quark-Sahne-Kuchen mit Äpfeln

Hefeteig (▸ Seite 12)

Aromatisch und fein
Für Gäste
1 Backblech, 30 x 40 cm

Zutaten

- **450 g Mehl**
- **30 g Hefe**
- **100 g Zucker**
- **200 ml lauwarme Milch**
- **100 g Butter**
- **1 Ei**
- **1 Prise Salz**
- **1 TL abgeriebene, unbehandelte Zitronenschale**

Belag

- **Je 2 EL Sultaninen und Korinthen**
- **4 EL Rum**
- **1/2 Päckchen Sahne-Puddingpulver**
- **3 EL Zucker**
- **1/8 l Milch**
- **125 g Sahne**
- **100 g Zucker**
- **200 g abgetropfter Sahnequark**
- **3 EL Schmand**
- **2 Eigelb**
- **1 TL abgeriebene, unbehandelte Zitronenschale**
- **2 kg Äpfel**
- **Saft von 1 Zitrone**
- **200 g gehackte Mandeln**

Außerdem

- **100 g Butter**
- **2 EL Zucker**

1 Das Mehl in eine Schüssel sieben, in die Mitte eine Vertiefung drücken.

2 Die Hefe mit 1 Teelöffel Zucker in 100 Milliliter Milch verquirlen.

3 Die Hefe-Milch in die Vertiefung gießen, etwas Mehl vom Rand dazugeben und einen breiartigen Vorteig herstellen.

4 Zugedeckt an einen warmen Platz stellen und 20 Minuten gehen lassen.

5 Dann auf dem Mehlrand den restlichen Zucker, die Butter in Flöckchen, das Ei, Salz und die Zitronenschale verteilen.

6 Die Zutaten von der Mitte her zu einem glatten und geschmeidigen Teig verkneten, dabei die restliche Milch zufügen.

7 Zugedeckt an einen warmen Platz stellen und nochmals 30 Minuten gehen lassen.

8 Für den Belag Sultaninen und Korinthen waschen, in einem Sieb abtropfen lassen und mit dem Rum beträufeln. Ziehen lassen.

9 Das Puddingpulver mit dem Zucker in etwas kalter Milch verrühren.

10 Die restliche Milch mit der Sahne in einem Topf zum Kochen bringen.

11 Das angerührte Puddingpulver einrühren und aufwallen lassen.

12 Vom Herd nehmen und den Pudding auskühlen lassen. Dabei ab und zu umrühren, damit sich keine Haut bildet.

13 Quark und Schmand in eine Schüssel geben, Ei, Zitronenschale und Pudding zugeben. Alles gut verrühren.

14 Die Äpfel schälen, in Spalten schneiden, dabei das Kernhaus entfernen. Mit Zitronensaft beträufeln.

15 Den Teig zusammenstoßen, durchkneten und auf bemehlter Fläche ausrollen.

16 Ein Backblech einfetten, den Teig auflegen.

17 Einen Rand hochziehen, den Teig mit einer Gabel mehrmals einstechen.

18 Die Quarkmasse auf den Teig streichen und anschließend die Apfelspalten dicht darauf anordnen.

19 Mit Rosinen, Korinthen und Mandeln bestreuen. Butterflöckchen aufsetzen und den Zucker aufstreuen.

20 Den Quark-Sahne-Kuchen im vorgeheizten Backofen bei 180 °C (Gas Stufe 2, Umluft 160 °C) etwa 35 Minuten backen.

Schokoladenkuchen mit Quark

Rührteig (▸ Seite 13)

Fein und aromatisch
Gelingt leicht
1 Backblech, 30 x 40 cm

Zutaten

- **250 g weiche Butter**
- **250 g Zucker**
- **4 Eier**
- **1 Prise Salz**
- **350 g Mehl**
- **3 EL Kakao**
- **2 gestr. TL Backpulver**
- **4 EL Milch**

Füllung

- **80 g weiche Butter**
- **2 EL Zucker**
- **1 Ei**
- **1 TL abgeriebene, unbehandelte Zitronenschale**
- **1 Prise Salz**
- **250 g Quark**
- **100 g Schmand**
- **1/2 Pck. Vanille-Puddingpulver**
- **2 EL gehackte Mandeln**
- **200 g Puderzucker**
- **2 bis 3 EL Zitronensaft**
- **20 g weiche Butter**

1 Für den Teig die Butter schaumig rühren. Zucker, Eier und Salz unterrühren.

2 Das Mehl mit dem Kakao und dem Backpulver vermischen, sieben und mit der Milch unter die Buttermischung rühren.

3 Ein Backblech mit Backpapier belegen, die Hälfte des Teiges darauf geben und glatt streichen.

4 Für die Füllung Butter, Zucker, Ei, Zitronenschale und Salz in einer Schüssel schaumig schlagen.

5 Quark, Schmand, Puddingpulver und Mandeln nacheinander zugeben, alles gut verrühren.

6 Die Quarkmasse auf den Teig streichen. Den restlichen Teig auf der Quarkmasse verteilen.

7 Im vorgeheizten Backofen bei 180 °C (Gas Stufe 2, Umluft 160 °C) etwa 45 Minuten backen.

8 Den Kuchen herausnehmen, das Backpapier entfernen und den Kuchen auskühlen lassen.

9 Den Puderzucker sieben und mit dem Zitronensaft und der Butter zu einer dickflüssigen Masse verrühren, den Kuchen damit glasieren.

Kirschkuchen mit Pistazien

Rührteig (▶ Seite 13)

(▶ Seite 13)

Aromatisch und fein
Gelingt leicht
1 Backblech, 30 x 40 cm

Zutaten

- 250 g weiche Butter
- 250 g Zucker
- 1 Pck. Vanillezucker
- 4 EL Kakao
- 4 Eier
- 300 g Mehl
- 2 gestr. TL Backpulver
- 4 EL Milch
- 100 g gehackte Walnusskerne
- 200 g geriebene Zartbitter-Schokolade
- 1 kg entsteinte Sauerkirschen

Dekoration

- 200 g Puderzucker
- 2–3 EL Zitronensaft
- 30 g weiche Butter
- 2 EL gehackte Pistazien

1 In einer Schüssel die Butter schaumig rühren.

2 Zucker, Vanillezucker, Kakao, Eier und die Milch mit der Butter verrühren.

3 Das Mehl in eine Schüssel sieben und mit dem Backpulver vermischen.

4 Die Mehl-Backpulver-Mischung abwechselnd mit der Milch nach und nach in die Buttermasse einrühren.

5 Die gehackten Walnusskerne und die Hälfte der geriebenen Schokolade unter den Teig mischen.

6 Ein Backblech mit Backpapier belegen.

7 Die Hälfte des Teiges auf das Backpapier geben und glatt streichen.

8 Die Kirschen gleichmäßig auf dem Teig verteilen und mit der restlichen geriebenen Schokolade bestreuen.

▶ **Tipp:** Am besten lässt sich die Glasur natürlich mit dem Spritzbeutel mit kleiner Lochtülle verteilen. Es geht aber auch mit einem einfachen Löffel, von dem die Glasur dann in unregelmäßigerem Strahl herabfließt.

9 Die Kirschen mit dem restlichen Teig bedecken. Den Teig vorsichtig glatt streichen.

10 Den Kuchen im vorgeheizten Backofen bei 180 °C (Gas Stufe 2, Umluft 160 °C) etwa 30 Minuten backen (Garprobe).

11 Den Kuchen herausnehmen und auskühlen lassen.

12 Für die Dekoration den Puderzucker sieben.

13 Den Puderzucker mit Zitronensaft und Butter zu einer dickflüssigen Glasur verrühren.

14 Die Glasur in diagonalen Streifen über den Kuchen ziehen. In die Zwischenräume die gehackten Pistazien streuen.

Schokokuchen mit Sauerkirschen

Rührteig (▸ Seite 13)

Fein
Gelingt leicht
1 ausziehbares Backblech (33–52 cm)

Zutaten

- **250 g weiche Butter**
- **250 g Zucker**
- **1 Prise Salz**
- **2 Eier**
- **400 g Mehl**
- **30 g Speisestärke**
- **1 Pck. Backpulver**
- **3 EL Kakao**
- **1 Prise gemahlene Muskatnuss**
- **1 TL Zimt**
- **1 1/2 kg entsteinte Sauerkirschen**

Für die Creme

- **6 Blatt weiße Gelatine**
- **2 Eier**
- **1 EL Rum**
- **2 EL Kirschwasser**
- **500 ml Schlagsahne**
- **50 g Zucker**
- **50 g Krokant**
- **50 g gehackte Haselnüsse**

Dekoration

- **150 g geraspelte Zartbitter-Schokolade**

1 Für den Teig die Butter in einer Schüssel schaumig schlagen.

2 Zucker, Salz und die Eier in die Butter rühren.

3 Mehl, Speisestärke und Backpulver vermischen, sieben und nach und nach unterrühren.

4 Kakao, Muskatnuss und Zimt unter den Teig rühren.

5 Ein Backblech einfetten, den Teig darauf geben und glatt streichen.

6 Sauerkirschen aus dem Glas abtropfen lassen, dabei etwas Saft auffangen. Frische Sauerkirschen einfach so weiter verwenden.

7 Die Sauerkirschen auf dem Teig verteilen.

8 Den Kuchen im vorgeheizten Backofen bei 180 °C (Gas Stufe 2, Umluft 160 °C) etwa 30 Minuten backen (Garprobe).

▸ **Variante:** Wer auf den Alkohol verzichten möchte, nimmt statt Rum und Kirschwasser 3 Esslöffel Kirschsaft.

9 Den Kuchen herausnehmen und auskühlen lassen.

10 Für die Creme die Gelatine in kaltem Wasser einweichen.

11 Die Eier in einer Schüssel über ein warmes Wasserbad hängen und cremig schlagen.

12 Die Gelatine ausdrücken, zur Eimasse geben und glatt rühren.

13 Rum und Kirschwasser einrühren. Die Creme auskühlen lassen.

14 Die Sahne mit dem Zucker steif schlagen und unter die Creme ziehen.

15 Krokant und gehackte Haselnüsse ebenfalls unter die Sahne ziehen.

16 Die Creme auf den ausgekühlten Kuchen streichen und mit geraspelter Schokolade verzieren.

Schmandkuchen

Hefeteig (▶ Seite 12)

Saftig und aromatisch
Lässt sich vorbereiten
1 ausziehbares Backblech (33–52 cm)

Zutaten

- 500 g Mehl
- 30 g Hefe
- 80 g Zucker
- 1/4 l lauwarme Milch
- 1 Prise Salz
- 80 g Butter

Belag

- 500 g abgetropfter Quark
- 2 Eier
- 1 EL Mehl
- 4 EL Zucker
- 1 Pck. Vanillezucker
- 3 EL Sahne
- 100 ml Milch
- 2 kg Äpfel
- Saft von 2 Zitronen

Guss

- 500 g Schmand
- 2 Eier
- 1 EL Mehl
- 80 g Zucker

1 Für den Teig das Mehl in eine Schüssel sieben und in die Mitte eine Vertiefung drücken.

2 Die Hefe mit 1 Teelöffel Zucker in 1/8 Liter Milch verrühren, in die Vertiefung gießen, etwas Mehl vom Rand zugeben, einen breiartigen Vorteig herstellen.

3 Zugedeckt an einem warmen Ort 20 Minuten gehen lassen.

4 Den restlichen Zucker, Salz und Butter auf den Mehlrand geben, alles gut verkneten, dabei die restliche Milch zugeben.

5 An einen warmen Platz stellen und 30 Minuten zugedeckt gehen lassen.

6 Für den Belag den Quark in eine Schüssel geben.

7 Eier, Mehl, Zucker, Vanillezucker, Sahne und Milch dazugeben und mit dem Quark verrühren.

8 Die Äpfel schälen, in Viertel, dann in Spalten schneiden, dabei das Kernhaus entfernen.

9 Die Apfelspalten gleichmäßig mit dem Zitronensaft beträufeln.

10 Für den Guss den Schmand in eine Schüssel geben und mit den Eiern, dem Mehl und dem Zucker verrühren.

11 Den Teig zusammenstoßen, durchkneten und auf bemehlter Fläche ausrollen.

12 Ein Backblech einfetten. Den Teig darauf legen.

13 Einen Rand hochziehen und den Teig mit einer Gabel mehrmals einstechen.

14 Die Quarkmasse auf den Teig streichen und die Apfelspalten darauf anordnen. Dann den Guss über den Äpfeln verteilen.

15 Im vorgeheizten Backofen bei 180 °C (Gas Stufe 2, Umluft 160 °C) etwa 45 Minuten backen.

▶ **Tipp:** Der Kuchen schmeckt besonders gut, wenn er über Nacht durchziehen kann.

▶ **Variante:** Belegen Sie diesen Kuchen zur Abwechslung mit 1 1/2 Kilogramm Sauerkirschen. Sie werden entsteint und in Schritt 14 auf dem Belag verteilt. Der Zitronensaft entfällt.

Heidelbeerkuchen mit Schmand

Hefeteig (▶ Seite 12)

Klassisch, aromatisch, saftig
Für Gäste
1 Backblech, 30 x 33 cm

Zutaten

- 300 g Mehl
- 20 g Hefe
- 50 g Zucker
- 1/8 l lauwarme Milch
- 80 g Butter
- 1 Ei

Belag

- 1 kg Heidelbeeren
- 500 g abgetropfter Quark
- 125 g Sahne
- 1 Ei
- 2 EL Speisestärke
- 3 EL Zucker
- 1/2 TL abgeriebene, unbehandelte Zitronenschale
- Saft von 1/2 Zitrone

Guss

- 400 g Schmand
- 2 Eier
- 100 g Zucker

▶ **Tipp:** Der Kuchen schmeckt besonders gut, wenn er über Nacht durchziehen kann. Anstelle von Heidelbeeren können auch Johannisbeeren, Stachelbeeren, Äpfel, Birnen, Brombeeren oder Kirschen verwendet werden.

1 Für den Teig das Mehl in eine Schüssel sieben und in die Mitte eine Vertiefung drücken.

2 Die Hefe mit dem Zucker in der Milch verquirlen und in die Vertiefung gießen. Etwas Mehl vom Rand zugeben und einen breiartigen Vorteig rühren.

3 Den Teig zugedeckt an einen warmen Platz stellen und 20 Minuten gehen lassen.

4 Auf dem Mehlrand die Butter in Flöckchen und das Ei anordnen.

5 Die Zutaten von der Mitte her zu einem glatten Teig verkneten.

6 Zugedeckt an einem warmen Ort 30 Minuten gehen lassen.

7 Inzwischen für den Belag die Heidelbeeren vorsichtig in einer Schüssel mit kaltem Wasser waschen und abtropfen lassen.

8 Den Teig zusammenstoßen, gut durchkneten und auf bemehlter Fläche in der Größe des Backblechs ausrollen.

9 Ein Backblech einfetten, den Teig auflegen.

10 Einen Rand hochziehen. Den Teig mit einer Gabel mehrmals einstechen.

11 Für den Belag den Quark in eine Schüssel geben und mit Sahne, Ei, Speisestärke, Zucker, Zitronenschale und Zitronensaft verrühren.

12 Die Quarkmasse auf den Teig streichen und die Heidelbeeren darauf verteilen.

13 Für den Guss den Schmand mit den Eiern und dem Zucker verrühren.

14 Die Heidelbeeren mit dem Guss überziehen.

15 Im vorgeheizten Backofen bei 180 °C (Gas Stufe 2, Umluft 160 °C) etwa 35 Minuten backen.

Zwetschgenkuchen mit Streuseln

Hefeteig (▸ Seite 12)

Beliebt, aromatisch, saftig
Für Gäste
1 Backblech, 30 x 40 cm

Zutaten

- **400 g Mehl**
- **25 g Hefe**
- **100 g Zucker**
- **200 ml lauwarme Milch**
- **1 Prise Salz**
- **100 g Butter**
- **1 Ei**
- **1/2 TL abgeriebene, unbehandelte Zitronenschale**
- **1 Prise Muskat**

Belag

- **2 kg Zwetschgen**

Streusel

- **200 g Butter**
- **200 g Zucker**
- **200 g Mehl**
- **1 Msp. Zimt**

1 Für den Teig das Mehl in eine Schüssel sieben und in die Mitte eine Vertiefung drücken.

▶ Tipp: Weizenmehl Type 405 eignet sich gut für Hefekuchen. Die Pflaumen sollten gut abtropfen, ehe sie auf den Teigboden kommen, damit der Boden nicht durchweicht.

2 Die Hefe mit 1 Teelöffel Zucker in 100 Milliliter Milch verquirlen, in die Vertiefung gießen, etwas Mehl vom Rand einrühren, sodass ein breiartiger Vorteig entsteht.

3 Zugedeckt an einem warmen Ort 15 Minuten gehen lassen.

4 Den restlichen Zucker, Salz, die Butter in Flöckchen, Ei, Zitronenschale und Muskat auf dem Mehlrand verteilen.

5 Die Zutaten von der Mitte her zu einem glatten Teig verkneten, dabei die restliche Milch zugeben.

6 Zugedeckt an einen warmen Platz stellen und 30 Minuten gehen lassen.

7 Den Teig zusammenstoßen, nochmals durchkneten und auf bemehlter Fläche ausrollen.

8 Ein Backblech einfetten, den Teig darauf geben.

9 Mit den Fingern einen etwa 2 Zentimeter hohen Rand hochziehen. Mit einer Gabel den Teig mehrmals einstechen.

▶ Variante: Der Kuchen schmeckt herzhafter mit Schwarzbrotstreuseln. Dafür formt man Streusel aus 180 Gramm weicher Butter, 125 Gramm Zucker und 200 Gramm geriebenem Schwarzbrot. Zu einem solchen saftigen Streuselbelag – oder auch einer Mischung aus hellen und dunklen Streuseln – passt ein Schlag Zimtsahne besonders gut!

10 Für den Belag die Zwetschgen waschen, halbieren und entsteinen. Dann jeweils etwas einschneiden und auf dem Teig anordnen.

11 Für die Streusel die zerkleinerte Butter mit Zucker, Mehl und Zimt in eine Schüssel geben und vermischen.

12 Mit zwei Gabeln oder den Händen daraus Streusel formen und den Kuchen damit bestreuen.

13 Im vorgeheizten Backofen bei 180 °C (Gas Stufe 2, Umluft 160 °C) etwa 30 Minuten backen, bis die Streusel goldgelb, aber noch nicht braun sind.

Feiner Orangenkuchen

Quark-Öl-Teig (▶ Seite 13)

Raffiniert und fruchtig
Für Gäste
1 Backblech, 30 x 40 cm

Zutaten

- 250 g abgetropfter Quark
- 1 Ei
- 8 EL Milch
- 10 EL Öl
- 4 EL Zucker
- 1 Pck. Vanillezucker
- 1 Prise Salz
- 450 g Mehl
- 3 gestr. TL Backpulver
- Getrocknete Erbsen

Füllung

- 1 Pck. Sahne-Puddingpulver
- 1/2 l Milch
- 4 EL Zucker
- 1 TL abgeriebene, unbehandelte Orangenschale
- Saft von 1 Orange
- 250 g Butter
- Orangenfilets von 8 Orangen

Guss

- 300 g Puderzucker
- 4 EL Kakao
- 60 g Butter

Dekoration

- Fein geschnittene, unbehandelte Orangenschale
- Kandierte Früchte

1 Für den Teig zunächst den abgetropften Quark durch ein Sieb streichen.

2 Den Quark mit Ei, Milch, Öl, Zucker, Vanillezucker und Salz verrühren.

3 Mehl und Backpulver vermischen und in die Quarkmasse einarbeiten.

4 Alles gut verkneten. Den Teig teilen und dann eine Hälfte auf bemehlter Fläche ausrollen.

5 Ein Backblech einfetten, eine Teighälfte darauf geben, mit Pergamentpapier abdecken und mit den Erbsen beschweren.

6 Im vorgeheizten Backofen bei 180 °C (Gas Stufe 2, Umluft 160 °C) etwa 15 Minuten blind backen.

7 Herausnehmen und auskühlen lassen. Die andere Teighälfte ausrollen und ebenso backen.

8 Für die Füllung das Puddingpulver in etwas kalter Milch glatt rühren.

9 Die restliche Milch mit dem Zucker in einem Topf zum Kochen bringen.

10 Das angerührte Puddingpulver hineingeben, unter Rühren aufkochen lassen.

11 Den Topf vom Herd nehmen und den Pudding auf Zimmertemperatur auskühlen lassen, ab und zu umrühren, damit sich keine Haut bildet.

12 Orangenschale und Saft in den Pudding einrühren.

13 Die Butter schaumig rühren, nach und nach den Pudding einrühren.

14 Einen der Teigböden mit Creme bestreichen, die Orangenfilets darauf verteilen und etwas eindrücken. Den anderen Teigboden darauf setzen.

15 Für den Guss Puderzucker sieben und den Kakao zugeben.

16 Mit 6 Esslöffel heißem Wasser und der Butter zu einer dickflüssigen Masse verrühren.

17 Den Kuchen damit bestreichen und mit Orangenschale und kandierten Früchten garnieren.

Birnen-Sanddorn-Kuchen

Rührteig (▶ Seite 13)

Raffiniert und fruchtig
Für Gäste
1 Backblech, 30 x 40 cm

Zutaten

- 250 g weiche Butter
- 200 g feiner Zucker
- 4 Eier
- 1 Prise Salz
- 1 TL abgeriebene, unbehandelte Zitronenschale
- 300 g Mehl
- 2 gestr. TL Backpulver
- 3 EL Milch

Belag

- 8 Blatt weiße Gelatine
- 1 kg Birnen
- 1/4 l Weißwein
- Saft von 1/2 Zitrone
- 1 EL Honig
- 1/4 l Sanddornsaft
- 250 g Sahne

Dekoration

- Puderzucker zum Bestäuben

▶ **Tipp:** Birnen sind meist sehr saftig, deshalb aber nicht so lange haltbar. Die wichtigsten Sorten sind: Williams Christ, Claps Liebling, Gellerts Butterbirne sowie die Köstliche aus Charneux.

1 Für den Teig die Butter in einer Schüssel schaumig rühren.

2 Den Zucker, die Eier, das Salz und die Zitronenschale einrühren.

3 Mehl, Stärkemehl und Backpulver vermischen, sieben und mit der Milch in die Buttermischung rühren.

4 Ein Backblech mit Backpapier belegen, den Teig aufstreichen.

5 Im vorgeheizten Backofen bei 180 °C (Gas Stufe 2, Umluft 160 °C) etwa 25 Minuten backen.

6 Den Kuchen herausnehmen, das Backpapier entfernen. Den Kuchen auskühlen lassen.

7 Für den Belag zunächst die Gelatine in kaltem Wasser einweichen.

8 Die Birnen zuerst schälen, in Viertel schneiden und dabei das Kerngehäuse sorgfältig entfernen.

9 Weißwein mit Zitronensaft und Honig in einem Topf erhitzen.

10 Die Birnen hineingeben und 5 Minuten garen. Die Birnen herausnehmen.

11 Den Birnensud 5 Minuten einkochen lassen. Dann den Sanddornsaft einrühren.

12 Den Topf vom Herd nehmen, den Sud etwas auskühlen lassen.

13 Die Gelatine ausdrücken, in den Sud geben und auflösen.

14 Sobald die Masse zu gelieren beginnt, die Sahne steif schlagen und unterziehen.

15 Den Kuchen mit der fertigen Creme gleichmäßig bestreichen.

16 Die Birnenviertel auf der Creme anordnen und zum Schluss mit Puderzucker bestäuben.

Mohnkuchen mit Decke

Hefeteig (▸ Seite 12)

Fein und festlich
Für Gäste
1 Backblech, 30 x 33 cm

Zutaten

- 300 g Mehl
- 20 g Hefe
- 100 g Zucker
- 1/8 l lauwarme Milch
- 100 g Butter
- 1 Ei
- 1 Prise Salz

Belag

- 1/2 l Milch
- 125 g Butter
- 200 g Zucker
- 2 EL Grieß
- 1 Prise Salz
- 500 g gemahlener Mohn
- 150 g Sultaninen
- 150 g gehackte Mandeln

Guss

- 1/2 Pck. Vanille-Puddingpulver
- 3 EL Zucker
- 1/4 l Milch
- 2 EL Sahne
- 50 g Butter
- 3 Eier
- Puderzucker zum Bestäuben

1 Für den Teig das Mehl in eine Schüssel sieben und in die Mitte eine Vertiefung drücken.

2 Hefe und 1 Teelöffel Zucker in der Milch verrühren, in die Vertiefung gießen, etwas Mehl vom Rand dazugeben, einen breiartigen Vorteig rühren. Zugedeckt an einem warmen Ort 15 Minuten gehen lassen.

3 Auf dem Mehlrand restlichen Zucker, Butter, Ei und Salz anordnen. Alles gut verkneten. Zugedeckt an einem warmen Ort 30 Minuten gehen lassen.

4 Für den Belag die Milch in einen Topf geben und mit Butter und Zucker erhitzen. Grieß, Salz und den Mohn zugeben und 5 Minuten quellen lassen. Den Topf vom Herd nehmen.

5 Die Sultaninen waschen, abtropfen lassen und mit den Mandeln in die Mohnmasse rühren. Die Masse auskühlen lassen.

6 Teig zusammenstoßen, kneten und auf bemehlter Fläche ausrollen.

7 Ein Backblech einfetten, den Teig darauf geben, einen Rand hochziehen, den Teig mit einer Gabel mehrmals einstechen. Die Mohnmasse auf den Teig streichen.

8 Für den Guss das Puddingpulver mit dem Zucker in der Milch glatt rühren, Sahne und Butter zufügen.

9 Alles in einem Topf unter Rühren zum Kochen bringen, aufwallen lassen und vom Herd nehmen.

10 Den Pudding etwas auskühlen lassen. Dabei mehrmals umrühren, damit sich keine Haut bildet.

11 Die Eier trennen. Das Eigelb unter die Puddingmasse rühren. Das Eiweiß steif schlagen und unter die Puddingmasse heben.

12 Die Puddingmasse auf dem Mohnbelag verteilen und glatt streichen.

13 Im vorgeheizten Backofen bei 180 °C (Gas Stufe 2, Umluft 160 °C) etwa 45 Minuten backen.

14 Darauf achten, dass die Decke nicht zu dunkel wird, eventuell den Kuchen noch mit Alufolie abdecken.

15 Den Mohnkuchen herausnehmen und zum Schluss mit Puderzucker bestäuben.

Glasierter Aprikosenkuchen

Quark-Öl-Teig (▶ Seite 13)

Fein und festlich
Für Gäste
1 ausziehbares Backblech (33–52 cm)

Teig
- 200 g abgetropfter Quark
- 1 Ei
- 6 EL Milch
- 8 El Öl
- 1 Pck. Vanillezucker
- 1 Prise Salz
- 450 g Mehl
- 1 Pck. Backpulver

Creme
- 1 Pck. Sahne-Puddingpulver
- 125 g Zucker
- 1/2 l Milch
- 30 g Kokosfett
- 250 g Butter

Belag
- 2 kg entsteinte, halbierte Aprikosen
- 125 g gehackte Mandeln

Glasur
- 200 g Zartbitter-Schokolade
- 100 g Nugat
- 1 EL Rum
- 1 TL Sonnenblumenöl

Dekoration
- 200 g Sahne
- 2 Pck. Vanillezucker

1 Für den Teig den Quark durch ein Sieb in eine Schüssel streichen.

2 Ei, Milch, Öl, Vanillezucker, Salz unterrühren.

3 Mehl und Backpulver vermischen, nach und nach zur Quarkmasse geben.

4 Alles gut verkneten. Den Teig auf bemehlter Fläche ausrollen.

5 Ein Backblech einfetten, den Teig auflegen, einen Rand hochziehen.

6 Die Aprikosen auf den Teig geben. Die Mandeln darüber streuen.

7 Im vorgeheizten Backofen bei 180 °C (Gas Stufe 2, Umluft 160 °C) etwa 25 Minuten backen. Den Kuchen herausnehmen und auskühlen lassen.

8 Für die Creme das Puddingpulver mit dem Zucker in etwas kalter Milch verrühren.

9 Die restliche Milch in einem Topf zum Kochen bringen, das Puddingpulver einrühren und aufkochen lassen.

10 Den Topf vom Herd nehmen und das Kokosfett einrühren.

11 Den Pudding auf Zimmertemperatur auskühlen lassen. Dabei ab und zu umrühren, damit sich keine Haut bildet.

12 Die Butter schaumig schlagen und nach und nach den ausgekühlten Pudding einrühren. Die Creme kalt stellen.

13 Die ausgekühlte Creme auf den Kuchen streichen. Den Kuchen kalt stellen.

14 Für die Glasur Schokolade und Nugat unter Rühren im heißen Wasserbad zum Schmelzen bringen.

15 In die Schokolade-Nugat-Masse den Rum und das Sonnenblumenöl einrühren. Den Kuchen damit überziehen.

16 Vor dem Servieren die Sahne mit dem Vanillezucker steif schlagen.

17 Sahne in einen Spritzbeutel mit Sterntülle füllen und den Kuchen damit verzieren.

Weinbrandkuchen mit Cremedecke

Rührteig (▶ Seite 13)

Aromatisch und delikat
Für Gäste
1 Backblech, 30 x 40 cm

Zutaten

- 100 g Sultaninen
- 100 g Korinthen
- 4 EL Weinbrand
- 50 g getrocknete Aprikosen
- 50 g Zitronat
- 150 g weiche Butter
- 150 g Zucker
- 6 Eier
- Je 1 Prise Salz, Zimt und Ingwer
- 200 g Mehl
- 1 TL Backpulver
- 2 EL Milch
- 100 ml Weinbrand

Creme

- 1/2 l Milch
- 1 Pck. Vanille-Puddingpulver
- 1 Pck. Vanillezucker
- 2 EL Zucker
- 200 g Butter
- 50 g Kokosfett

Dekoration

- Kakao zum Bestäuben

1 Sultaninen und Korinthen waschen, trockentupfen und mit dem Weinbrand beträufeln.

2 Aprikosen und Zitronat fein schneiden.

3 In einer Schüssel die Butter schaumig rühren. Zucker, Eier, Salz, Zimt und Ingwer unterrühren.

4 Das Mehl mit dem Backpulver vermischen, sieben und einrühren.

5 Sultaninen, Korinthen, Aprikosen und Zitronat unterheben.

6 Ein Backblech mit Backpapier belegen, den Teig darauf geben und glatt streichen.

7 Im vorgeheizten Backofen bei 180 °C (Gas Stufe 2, Umluft 160 °C) etwa 25 Minuten backen.

8 Den Kuchen herausnehmen und auskühlen lassen, das Backpapier entfernen.

9 Den Kuchen mit Weinbrand beträufeln und über Nacht stehen lassen.

10 Am nächsten Tag die Creme bereiten. Dafür in etwas kalter Milch das Puddingpulver verrühren.

11 Die restliche Milch in einem Topf zum Kochen bringen.

12 Das angerührte Puddingpulver, Vanillezucker und Zucker einrühren.

13 Alles kurz aufkochen lassen und den Topf vom Herd nehmen.

14 Den Pudding auskühlen lassen. Ab und zu umrühren, damit sich keine Haut bildet.

15 Die Butter und das zerlassene, abgekühlte Kokosfett verrühren, den Pudding esslöffelweise unterrühren.

16 Den Kuchen mit der Creme bestreichen und mit Kakao bestäuben.

Zwetschgenkuchen mit Leinöl

Hefeteig (▸ Seite 12)

Beliebt und saftig
Für Gäste
1 ausziehbares Backblech
(33–52 cm)

Zutaten

- 500 g Mehl
- 20 g Hefe
- 200 g Zucker
- 200 ml lauwarme Milch
- 150 g weiche Butter
- 2 Eier
- 1 Prise Salz

Belag

- 1 1/2 kg Zwetschgen
- 100 ml Leinöl

Dekoration

- 125 g Zucker

1 Für den Teig das Mehl in eine Schüssel sieben und in die Mitte eine Vertiefung drücken.

2 Die Hefe mit 1 Teelöffel Zucker in etwas Milch verquirlen und in die Vertiefung gießen.

▶ **Tipp:** Das gelbgrüne Leinöl wird aus der Flachs- und Leinpflanze gewonnen. Man sollte das Öl in kleinen Mengen kaufen, denn es wird leicht ranzig und ist nicht so lange haltbar.

3 Etwas Mehl darüber geben und zu einem Brei rühren.

4 Zugedeckt an einem warmen Ort 20 Minuten gehen lassen.

5 Auf dem Mehlrand den restlichen Zucker, die Butter in Flöckchen, Eier und Salz verteilen.

6 Von der Mitte her die Zutaten zu einem geschmeidigen Teig verkneten, dabei nach und nach die restliche Milch zugeben.

7 Zugedeckt an einen warmen Ort stellen und 30 Minuten gehen lassen.

8 Für den Belag die Zwetschgen waschen, halbieren, entsteinen und einschneiden.

9 Den Teig durchkneten und auf bemehlter Fläche ausrollen.

10 Ein Backblech einfetten, Teig auflegen, mit den Zwetschgen belegen.

11 Im vorgeheizten Backofen bei 180 °C (Gas Stufe 2, Umluft 160 °C) etwa 35 Minuten backen.

12 Den Kuchen herausnehmen, mit Leinöl beträufeln und mit Zucker bestreuen.

▶ **Variante:** Wenn es schnell gehen soll, kann man bei Hefeteig auch zur Trockenhefe greifen. Sie hat den Vorteil, dass sie keinen Vorteig braucht. Man vermischt sie mit dem gesiebten Mehl und den restlichen Zutaten zu einem geschmeidigen Teig. Dem durchgekneteten Teig gönnt man dann 30 Minuten Ruhe. Ein Beutel Trockenhefe enthält 7 Gramm. Das entspricht 25 Gramm frischer Hefe.

Hagebuttenkuchen

Hefeteig (▸ Seite 12)

Raffiniert und köstlich
Für Gäste
1 ausziehbares Backblech
(33–52 cm)

Zutaten

- 450 g Mehl
- 25 g Hefe
- 100 g Zucker
- 200 ml lauwarme Milch
- 1 Ei
- 1 TL abgeriebene, unbehandelte Zitronenschale

Belag

- 300 g Butter
- 150 g Puderzucker
- 2 Eigelb
- 2 EL Weinbrand
- 300 g Kokosraspel
- 3 Eiweiß
- 750 g Hagebutten-konfitüre

1 Für den Teig das Mehl in eine Schüssel sieben und in die Mitte eine Vertiefung drücken.

2 Die Hefe mit 1 Teelöffel Zucker in 100 Milliliter Milch verrühren, in die Vertiefung gießen.

3 Etwas Mehl vom Rand zufügen und zu einem breiartigen Vorteig verrühren.

4 Zugedeckt an einem warmen Ort 20 Minuten gehen lassen.

5 Den restlichen Zucker, Ei und Zitronenschale auf dem Mehlrand anordnen.

6 Von der Mitte her die Zutaten zu einem glatten und geschmeidigen Teig verkneten, dabei die restliche Milch zufügen.

7 Zugedeckt an einem warmen Ort 30 Minuten gehen lassen.

8 Den Teig durchkneten und ausrollen.

9 Ein Backblech einfetten, den Teig auflegen.

10 Einen kleinen Rand hochziehen. Den Teig mit einer Gabel mehrmals einstechen, damit er sich beim Backen nicht zu sehr hebt.

▸ Tipp: Den Kuchen kann man zusätzlich mit einem Guss überziehen. Dafür 250 Gramm Sahne, 2 Eier und 3 Esslöffel Zucker verrühren. Den Guss auf den Kuchen streichen und 6 Esslöffel Rohrzucker aufstreuen. Den Kuchen wieder in den Backofen schieben und noch etwa 10 Minuten weiterbacken.

11 Für den Belag Butter und Puderzucker gut verrühren. Eigelb, Weinbrand und Kokosraspel unterrühren.

12 Das Eiweiß steif schlagen und unterziehen.

13 Die Masse in einen Spritzbeutel mit Loch- oder Sterntülle füllen. In Abständen von 2 Zentimetern diagonale Streifen auf den Teigboden spritzen.

14 Die Hagebuttenkonfitüre ebenfalls in einen Spritzbeutel mit Lochtülle füllen und in die Zwischenräume spritzen.

15 Im vorgeheizten Backofen bei 180 °C (Gas Stufe 2, Umluft 160 °C) etwa 20 Minuten backen.

Quarkkuchen mit Schaumdecke

Quark-Öl-Teig (▸ Seite 13)

Fein und festlich
Für Gäste
1 Backblech, 30 x 40 cm

Zutaten

- 200 g abgetropfter Quark
- 6 EL Milch
- 8 EL Öl
- 4 EL Zucker
- 1/2 TL abgeriebene, unbehandelte Zitronenschale
- 1 Ei
- 1 Prise Salz
- 350 g Mehl
- 1 Pck. Backpulver

Quarkmasse

- Je 75 g Korinthen und Sultaninen
- 4 EL Weinbrand
- 100 g Butter
- 200 g Zucker
- 4 Eier
- 1 kg abgetropfter Quark
- 1 Pck. Mandel-Puddingpulver
- 100 ml Milch
- 1 kräftige Prise Salz
- 1 TL abgeriebene, unbehandelte Orangenschale

Schaumdecke

- 4 Eier
- 80 g Butter
- 80 g Zucker
- 1 Pck. Vanillezucker
- 3 geriebene bittere Mandeln
- 1 Prise Salz
- 3 EL Weinbrand

Dekoration

- Fein geschnittene, unbehandelte Orangenschale

1 Für den Teig den Quark durch ein Sieb in eine Schüssel streichen.

2 Milch, Öl, Zucker, Zitronenschale, Ei und Salz dazugeben und verrühren.

3 Mehl und Backpulver vermischen, sieben und nach und nach in die Quarkmasse einarbeiten. Alles gut verkneten.

4 Den Teig auf bemehlter Fläche ausrollen. Ein Backblech einfetten, den Teig auflegen und einen Rand hochziehen.

5 Für die Quarkmasse die Korinthen und Sultaninen waschen, abtropfen lassen und mit Weinbrand beträufeln.

6 Die Butter schaumig schlagen, Zucker, Eier, Quark, Puddingpulver, Milch, Salz, Orangenschale, Korinthen und Sultaninen in die Quarkmasse rühren.

7 Die Masse so lange schlagen, bis sie cremig ist. Die Quarkmasse auf den Teig streichen.

8 Für die Schaummasse die Eier trennen. Die Butter schaumig schlagen.

9 Dann Zucker, Vanillezucker, Mandeln, Salz, Eigelb und Weinbrand unterrühren.

10 Das Eiweiß steif schlagen und vorsichtig unter die Masse heben.

11 Die Schaummasse auf dem Quark verteilen und glatt streichen.

12 Im vorgeheizten Backofen bei 180 °C (Gas Stufe 2, Umluft 160 °C) etwa 45 Minuten backen.

13 Gegebenenfalls nach der Hälfte der Backzeit die Oberhitze reduzieren, damit der Belag nicht zu dunkel wird.

14 Den Kuchen herausnehmen und auskühlen lassen.

15 Zum Schluss den Kuchen mit der Orangenschale verzieren.

Birnenkuchen mit Käsecreme

Quark-Öl-Teig (▸ Seite 13)

Raffiniert und fein
Für Gäste
1 Backblech, 30 x 40 cm

Zutaten

- 150 g abgetropfter Quark
- 6 EL Milch
- 6 EL Öl
- 100 g Zucker
- 1/2 TL abgeriebene, unbehandelte Zitronenschale
- 1 Prise Salz
- 1 Ei
- 400 g Mehl
- 1 Pck. Backpulver

Belag

- 1 1/2 kg Birnen
- Saft von 1 Zitrone
- 4 Eier
- 150 g Zucker
- 30 g Speisestärke
- 500 g abgetropfter Quark
- 100 g gehackte Mandeln
- 80 g Butter

Dekoration

- 150 g Zartbitter-Kuvertüre

1 Für den Teig den Quark durch ein Sieb in eine Schüssel streichen.

2 Milch, Öl, Zucker, Zitronenschale, Salz und Ei dazugeben und mit dem Quark verrühren.

3 Mehl und Backpulver vermischen, sieben und nach und nach in die Quarkmasse einarbeiten.

4 Ein Backblech einfetten. Den Teig auf bemehlter Fläche ausrollen und auf das Backblech legen.

5 Für den Belag die Birnen in Viertel schneiden, schälen, dabei das Kernhaus entfernen.

6 Die Birnenviertel in Spalten schneiden und mit Zitronensaft marinieren.

7 Die Eier trennen. Eigelb, Zucker, Speisestärke und Quark verrühren.

8 Das Eiweiß steif schlagen und unterheben.

▶ **Tipp:** Birnen sind das Obst mit dem geringsten Fruchtsäureanteil. Beim Einkauf sollte man in jedem Fall darauf achten, dass die Birnen unbeschädigt sind und auch keine Flecken haben.
Nach dem Aufschneiden sollten Birnen sofort mit Zitronensaft beträufelt werden, damit sie sich nicht bräunlich verfärben.

▶ **Variante:** Wenn Sie Zimt mögen, geben Sie zum Belag eine Prise Zimt.
Für Liebhaber von Ingwer lässt sich der Belag mit 1 Teelöffel fein geschnittenem frischen Ingwer verfeinern.
Ersatzweise kann man getrockneten oder gemahlenen Ingwer verwenden.

9 Die Quarkcreme auf den Teig streichen, darauf die Birnenspalten verteilen.

10 Die gehackten Mandeln darüber streuen. Die Butter in Flöckchen aufsetzen.

11 Den Birnenkuchen im vorgeheizten Backofen bei 180 °C (Gas Stufe 2, Umluft 160 °C) etwa 40 Minuten backen.

12 Den Kuchen herausnehmen und auskühlen lassen.

13 Für die Dekoration die Kuvertüre im warmen Wasserbad schmelzen.

14 Die Kuvertüre in feinem Strahl über den Kuchen ziehen, sodass dünne Linien entstehen.

Glasierter Käsekuchen

Hefeteig (▶ Seite 12)

Fein und appetitlich
Für Gäste
1 ausziehbares Backblech (33–52 cm)

Zutaten

- 500 g Mehl
- 30 g Hefe
- 50 g Zucker
- 1/4 l lauwarme Milch
- 1 TL abgeriebene, unbehandelte Zitronenschale
- 1 Ei
- 80 g Butter

Belag

- 2 Eier
- 2 Eigelb
- 500 g abgetropfter Quark
- 100 g Sahne
- 200 g Crème fraîche
- 200 g Rosinen
- 150 g gehackte Mandeln

Guss

- 250 g Puderzucker
- 3 EL Kakao
- 20 g weiche Butter

1 Für den Teig das Mehl in eine Schüssel sieben und in die Mitte eine Vertiefung drücken.

2 Die Hefe mit dem Zucker in 1/8 Liter Milch verquirlen, in die Vertiefung gießen und mit etwas Mehl vom Rand einen breiartigen Vorteig herstellen.

▶ **Tipp:** Wer keine Rosinen mag, nimmt die gleiche Menge an gehackten Nüssen. In der hier abgebildeten Form ist dieser Käsekuchen vor allem in Thüringen verbreitet. Hier wird er gerne zu Hochzeiten gebacken und stellt eine feste Größe auf dem Kuchenbüfett dar.

3 Den Teig zugedeckt an einem warmen Ort 20 Minuten gehen lassen.

4 Zitronenschale, Ei und die Butter in Flöckchen auf dem Mehlrand anordnen.

5 Von der Mitte her die Zutaten gut verkneten, dabei nach und nach die restliche Milch zufügen.

6 Zugedeckt an einen warmen Platz stellen und 30 Minuten gehen lassen.

7 Für den Belag Eier, Eigelb, Quark, Sahne und Crème fraîche verrühren.

8 Den Teig nochmals durchkneten und auf bemehlter Fläche ausrollen.

9 Ein Backblech einfetten und den Teig auflegen.

10 Einen Rand hochziehen und mit einer Gabel den Teig mehrmals einstechen.

11 Die Rosinen waschen und abtropfen lassen.

12 Die Rosinen und die Mandeln auf den Teig streuen und die Ei-Quark-Masse aufstreichen.

13 Im vorgeheizten Backofen bei 180 °C (Gas Stufe 2, Umluft 160 °C) etwa 40 Minuten backen.

14 Den Kuchen herausnehmen und auskühlen lassen.

15 Für den Guss zuerst den Puderzucker in eine Schüssel sieben.

16 Den Kakao, 2 Esslöffel heißes Wasser und die Butter hinzufügen und alles glatt rühren.

17 Den Kuchen gleichmäßig mit dem Guss bestreichen. Mit einer Gabel dekorative Wellenlinien in den noch weichen Guss ziehen.

Apfelstrudel mit Vanillesauce

Strudelteig (▸ Seite 13)

Fein und aromatisch
Für Gäste
1 Backblech, 30 x 40 cm

Zutaten

- 250 g Mehl
- 1 Prise Salz
- 65 g zerlassene Butter
- 1 Ei
- 50 g Zwiebackbrösel
- Zerlassene Butter zum Bestreichen

Füllung

- 100 g Rosinen
- 1 1/2 kg Äpfel
- Saft von 1/2 Zitrone
- 150 g Zucker
- 1 TL Zimt
- 1 TL abgeriebene, unbehandelte Zitronenschale
- Je 30 g geriebene und gehackte Mandeln

Vanillesauce

- 3 Eigelb
- 2 EL Zucker
- 1 TL Speisestärke
- 200 ml Milch
- 1 Prise Salz
- 1/2 Vanilleschote

▸ **Tipp:** Der Apfelstrudel schmeckt am besten noch warm. Dazu passt ausgezeichnet die frisch zubereitete Vanillesauce.

1 Für den Teig das Mehl in eine Schüssel sieben und in die Mitte eine Vertiefung drücken.

2 Salz, Butter, das Ei und 1/8 l lauwarmes Wasser in die Vertiefung geben.

3 Von der Mitte her die Zutaten zu einem glatten, geschmeidigen Teig verkneten.

4 Den Teig zugedeckt an einem warmen Ort 30 Minuten ruhen lassen.

5 Für die Füllung zunächst die Rosinen waschen und abtropfen lassen.

6 Die Äpfel schälen, in Viertel, dann in feine Stifte schneiden, dabei das Kernhaus entfernen.

7 Die Äpfel mit dem Zitronensaft marinieren und mit Zucker, Zimt, Zitronenschale, Rosinen und Mandeln vermischen.

8 Ein Geschirrtuch mit Mehl bestäuben, den Teig darauf ausrollen.

9 Dann den Teig dünn mit zerlassener Butter bestreichen.

10 Den Teig mit den Händen papierdünn zu einem Rechteck von etwa 70x50 Zentimeter ausziehen, dicke Ränder abschneiden.

11 Den Teig dünn mit zerlassener Butter bestreichen und mit Zwiebackbröseln bestreuen.

12 Darauf achten, dass an den Seiten 3 Zentimeter Teig frei bleiben.

13 Die Apfelfüllung auf den Teig streichen. Die frei gelassenen Ränder auf die Apfelfüllung klappen.

14 Den Teig mithilfe des Tuches von der längeren Seite her aufrollen. An den Enden gut zusammendrücken.

15 Ein Backblech einfetten, den Strudel auflegen und mit zerlassener Butter bestreichen.

16 Im vorgeheizten Backofen bei 180 °C (Gas Stufe 2, Umluft 160 °C) 30 Minuten backen.

17 Den Strudel nochmals mit zerlassener Butter bestreichen und weitere 15 Minuten backen.

18 Für die Vanillesauce das Eigelb cremig schlagen.

19 Den Zucker so lange unterrühren, bis er sich aufgelöst hat.

20 Speisestärke in der Milch verrühren, Salz und Vanilleschote zugeben.

21 Alles in einem Topf unter Rühren kurz aufkochen lassen.

22 Vanilleschote entfernen und die heiße Milch löffelweise unter die Eimasse rühren. Alles bei geringer Hitze erwärmen (nicht kochen lassen!), bis die Sauce sämig wird.

Festtagskuchen mit Nugatcreme

Rührteig (▶ Seite 13)

Fein
Gelingt leicht
1 Backblech, 30 x 40 cm

Zutaten

- **200 g weiche Butter**
- **200 g Zucker**
- **1 Pck. Vanillezucker**
- **4 Eier**
- **1 Prise Salz**
- **300 g Mehl**
- **30 g Speisestärke**
- **2 gestr. TL Backpulver**
- **4 EL Milch**

Glasur

- **200 g Nussnugatcreme**
- **4 EL Schmand**
- **150 g Zartbitter-Schokolade**

1 Für den Teig die Butter in einer Schüssel schaumig rühren.

2 Nach und nach Zucker, Vanillezucker, Eier und Salz einrühren.

3 Mehl, Speisestärke und Backpulver vermischen, sieben und mit der Milch unterrühren.

4 Ein Backblech ausbuttern, den Teig darauf geben und glatt streichen.

5 Im vorgeheizten Backofen bei 160 °C (Gas Stufe 1–2, Umluft 140 °C) etwa 30 Minuten backen.

▶ **Tipp:** Blitzrezept für den Kindergeburtstag: Statt Schokoraspeln Smarties aufstreuen und Kerzen aufstecken – fertig.

6 Kuchen herausnehmen und auskühlen lassen.

7 Für den Guss Nussnugatcreme und Schmand verrühren, den Kuchen damit überziehen.

8 Schokolade raspeln und auf den Kuchen streuen.

Deftige Blechkuchen

Herzhaftes und Pikantes aus dem Ofen ist heiß begehrt! Man reicht deftige Blechkuchen als Hauptgericht oder als Zwischenmahlzeit, sie schmecken aber ebenso zu Bier oder Wein. Auch ofenfrisches kräftiges Bauern-, Walnuss- oder Kräuterbrot kommt jederzeit gut an. Gebacken sind die Köstlichkeiten rasch, denn die Herstellung ist leichter, als man denkt.

Apfel-Zwiebel-Kuchen

Hefeteig (▶ Seite 12)

Würzig
Gelingt leicht
1 ausziehbares Backblech (33–52 cm)

Zutaten

- **500 g Mehl**
- **30 g Hefe**
- **1/4 l lauwarme Milch**
- **125 g Butter**
- **1/2 TL Salz**

Belag

- **600 g Zwiebeln**
- **1 kg säuerliche Äpfel**
- **1/2 TL Kümmel**
- **1/2 TL gerebelter Majoran**
- **8 EL Öl**

1 Für den Teig das Mehl in eine Schüssel sieben und in die Mitte eine Vertiefung drücken.

2 Die Hefe und den Zucker in 1/8 Liter Milch verquirlen, in die Vertiefung gießen und etwas Mehl darüber stäuben.

3 Den Teig 20 Minuten zugedeckt an einem warmen Ort gehen lassen.

4 Die Butter in Flöckchen und das Salz auf den Mehlrand geben.

5 Von der Mitte her die Zutaten zu einem glatten Teig verkneten, dabei die restliche Milch zugeben.

6 Den Teig zugedeckt an einem warmen Platz nochmals 20 Minuten gehen lassen.

7 Den Teig auf bemehlter Fläche ausrollen.

8 Ein Backblech einfetten und den Teig auflegen.

9 Einen Rand hochziehen und den Teig mit einer Gabel mehrmals einstechen.

10 Die Zwiebeln schälen und in dünne Ringe schneiden.

11 Die Äpfel schälen, in Viertel, dann in Würfel schneiden, dabei das Kernhaus entfernen.

12 Zwiebelringe und Apfelwürfel mit Kümmel und Majoran vermischen und auf dem Teig verteilen.

13 Im vorgeheizten Backofen bei 180 °C (Gas Stufe 2, Umluft 160 °C) etwa 25 Minuten backen.

14 Den Kuchen herausnehmen und sofort mit Öl beträufeln.

▶ **Tipp:** Servieren Sie den Apfel-Zwiebel-Kuchen noch warm zu Weißwein (z. B. Riesling oder Grauburgunder) oder Bier. Zwiebeln immer erst vor Gebrauch pellen und zerkleinern. Um Tränen beim Zwiebelschälen zu vermeiden, sollte man die Zwiebel, auch Bolle oder Zipolle genannt, am offenen Fenster schneiden. Beim Kauf sollte man darauf achten, dass die Zwiebeln prall und trocken sind. Sie dürfen keine grünen Spitzen haben und sich nicht weich anfühlen. Zwiebeln nicht in Plastiktüten lagern, darin schimmeln sie leicht. Sie lieben einen kühlen trockenen Ort und wollen locker, am besten in einem Körbchen, gelagert werden.

Zwiebelkuchen mit feinem Guss

Quark-Öl-Teig (▸ Seite 13)

Beliebt und fein
Für Gäste
1 Backblech, 30 x 40 cm

Zutaten

- 150 g abgetropfter Quark
- 1 Ei
- 1 Prise Salz
- 6 EL Milch
- 1/8 l Öl
- 400 g Mehl
- 3 gestr. TL Backpulver
- Butter für das Backblech

Belag

- 250 g durchwachsener Speck
- 1 kg Zwiebeln
- 3 EL Öl
- 400 g Schmand
- 4 Eier
- 30 g Speisestärke
- 1 EL Kümmel
- Salz
- Frisch gemahlener schwarzer Pfeffer

1 Für den Teig den Quark durch ein Sieb in eine Schüssel streichen. Dann das Ei, Salz, Milch und Öl einrühren.

2 Mehl und Backpulver vermischen, sieben und nach und nach in die Quarkmasse einarbeiten. Gut miteinander verkneten.

3 Den Teig auf bemehlter Fläche ausrollen.

4 Ein Backblech einfetten, den Teig darauf geben, einen Rand hochziehen.

5 Für den Belag den Speck in kleine Würfel schneiden.

6 Die Zwiebeln schälen und in feine Ringe schneiden.

7 In einer Pfanne das Öl erhitzen, Speck und Zwiebeln hineingeben und 5 Minuten dünsten.

8 Die Speck-Zwiebel-Mischung auskühlen lassen.

9 Schmand, Eier, Speisestärke und Kümmel verrühren und mit Salz und Pfeffer abschmecken.

10 Die Speck-Zwiebel-Mischung auf dem Teig verteilen.

11 Die Schmand-Eier-Masse darüber gießen.

12 Den Zwiebelkuchen im vorgeheizten Backofen bei 180 °C (Gas Stufe 2, Umluft 160 °C) etwa 35 Minuten backen.

▶ **Variante:** Zwiebelkuchen schmeckt auch mit Hefeteig. Dafür braucht man: 500 Gramm Mehl, 30 Gramm Hefe, 1/4 Liter Milch, 80 Gramm weiche Butter, 1/2 Teelöffel Salz und 1 Ei.
Das Mehl in eine Schüssel sieben, in die Mitte eine Vertiefung drücken. Die Hefe in etwas lauwarmer Milch verquirlen, in die Vertiefung gießen. Etwas Mehl vom Rand einrühren und einen breiartigen Vorteig bereiten. Zugedeckt an einem warmen Ort 20 Minuten gehen lassen. Auf dem Mehlrand die Butter in Flöckchen, Salz und das Ei anordnen. Von der Mitte her die Zutaten zu einem geschmeidigen Teig verkneten, dabei die restliche Milch zugeben. Zugedeckt den Teig nochmals 30 Minuten gehen lassen. Auf bemehlter Fläche ausrollen, auf ein gebuttertes Backblech geben, einen Rand hochziehen, den Teig mit einer Gabel mehrmals einstechen. Dann werden – wie im Rezept angegeben – der Belag und der Guss zubereitet. Backzeit und -temperatur bleiben gleich.

Käsekuchen

Hefeteig (▶ Seite 12)

Aromatisch
Gelingt leicht
1 ausziehbares Backblech
(33–52 cm)

Zutaten

- 4 mittelgroße Zwiebeln
- 50 g Butterschmalz
- 30 g Hefe
- 1 Prise Zucker
- 1/4 l lauwarme Milch
- 500 g Mehl
- 1 Prise Salz
- Butter für das Backblech

Belag

- 1 1/2 kg Tomaten
- 1 Zweig Rosmarin
- 2 EL Tomatenmark
- 150 g Roquefort
- 200 g geriebener Käse (z. B. Gouda, Emmentaler oder Parmesen)

1 Für den Teig zunächst die Zwiebeln schälen und fein hacken.

2 Das Butterschmalz in einer Pfanne erhitzen, die Zwiebeln darin goldgelb rösten.

3 Die Pfanne vom Herd nehmen und die Zwiebeln darin bis zur weiteren Verwendung auskühlen lassen.

4 Die Hefe und den Zucker in 1/8 Liter von der Milch verquirlen.

5 Mehl in eine Schüssel sieben und in die Mitte eine Vertiefung drücken.

6 Hefemilch hineingießen und mit Mehl bestäuben.

7 Zugedeckt an einem warmen Ort 20 Minuten gehen lassen.

8 Salz und Zwiebeln auf dem Mehlrand verteilen.

9 Von der Mitte her die Zutaten zu einem glatten Teig verkneten, dabei die restliche Milch zufügen.

10 Für den Belag die Tomaten über Kreuz einritzen, kurz überbrühen, abschrecken und enthäuten.

11 Dann die Stielansätze herausschneiden und die Tomaten in Scheiben schneiden.

12 Den Rosmarin kurz abbrausen und trockenschütteln, dann die Nadeln abzupfen und grob hacken. Beiseite stellen. Das Backblech mit der Butter bestreichen.

> ▶ **Tipp:** Der grüne Stängelansatz der Tomate muss entfernt werden. Er enthält das unverträgliche Alkaloid Sulanin, das Kopfschmerzen und Übelkeit bereiten kann. Beim Einkauf sollte man beachten, dass die Schale glatt und unverletzt ist und keine fauligen Stellen hat. Die Tomaten sollen nicht zu weich sein. Tomaten nicht im Kühlschrank lagern, da werden sie hart und verlieren an Aroma.

13 Den Teig durchkneten, auf bemehlter Fläche ausrollen und auf das Backblech geben.

14 Einen Rand hochziehen, den Teig mit einer Gabel mehrmals einstechen.

15 Den Teig mit Tomatenmark bestreichen.

16 Die Tomatenscheiben auflegen, den zerkrümelten Roquefort, den geriebenen Käse und die Rosmarinnadeln aufstreuen.

17 Im vorgeheizten Backofen bei 180 °C (Gas Stufe 2, Umluft 160 °C) etwa 30 Minuten backen.

Blechkuchen mit Schafskäse

Hefeteig (▶ Seite 12)

Würzig
Für Gäste
1 ausziehbares Backblech (33–52 cm)

Zutaten

- 500 g Mehl
- 30 g Hefe
- 1/2 TL Zucker
- 1/4 l lauwarme Milch
- 80 g Butter
- 1 Prise Salz

Füllung

- 300 g Schafskäse
- 6 hart gekochte Eier
- 6 Eier

Dekoration

- Schnittlauchröllchen zum Bestreuen

▶ **Tipp:** Frische Kräuter wie Schnittlauch werden erst zum Schluss an Speisen gegeben, denn während des Backens oder Kochens würde sich der Geschmack verflüchtigen.
Ein gewisses Etwas bekommt der Kuchen, wenn er mit frisch gepflückten Schnittlauchblüten dekoriert wird. Die Blüten schmecken etwas sanfter als Zwiebeln und sie passen besonders gut zum Käse.

1 Für den Teig das Mehl in eine Schüssel sieben und in die Mitte eine Vertiefung drücken.

2 Die Hefe mit dem Zucker in etwas Milch verquirlen, in die Vertiefung gießen, etwas Mehl darüber geben und einen dicklichen Brei bereiten.

3 An einem warmen Ort zugedeckt 20 Minuten gehen lassen.

4 Auf dem Mehlrand die Butter in Flöckchen und das Salz verteilen.

5 Von der Mitte her die Zutaten zu einem geschmeidigen Brei verkneten, dabei die restliche Milch zugeben.

6 Den Teig 30 Minuten zugedeckt an einem warmen Ort gehen lassen.

7 Für die Füllung den Käse fein reiben und die Eier fein hacken. Beides miteinander vermischen.

8 Den Teig zusammenstoßen und auf bemehlter Fläche ausrollen.

9 Ein Backblech einfetten, den Teig darauf geben.

10 Einen Rand hochziehen, den Teig mit einer Gabel mehrmals einstechen.

11 Den Teig mit der Käsemischung belegen und nochmals 10 Minuten gehen lassen.

12 Im vorgeheizten Backofen bei 180 °C (Gas Stufe 2, Umluft 160 °C) etwa 20 Minuten backen.

13 Die Eier verquirlen und über den Kuchen gießen. Noch weitere 5 Minuten backen.

14 Den fertigen Kuchen nach Geschmack mit Schnittlauchröllchen bestreuen.

Speckkuchen

Quark-Öl-Teig (▸ Seite 13)

Fein
Gelingt leicht
1 Backblech, 30 x 40 cm

Zutaten

- **200 g abgetropfter Quark**
- **6 Eier**
- **6 EL Milch**
- **1/8 l Öl**
- **1 Prise Salz**
- **400 g Mehl**
- **1 Pck. Backpulver**
- **Butter für das Backblech**
- **500 g durchwachsener Speck**
- **500 g Zwiebeln**
- **1 EL Kümmel**
- **400 g Schmand**

1 Quark durch ein Sieb streichen. Ei, Milch, Öl, und Salz einrühren.

2 Mehl und Backpulver vermischen, sieben und nach und nach in die Quarkmasse einarbeiten.

3 Teig auf bemehlter Fläche ausrollen. Ein Backblech einfetten, den Teig auflegen und einen Rand hochziehen.

4 Für den Belag den Speck in kleine Würfel schneiden. Die Zwiebeln schälen, ebenfalls in Würfel schneiden, mit dem Speck und dem Kümmel vermischen.

5 Die Speckmischung auf dem Teig verteilen. Schmand und die restlichen Eier verquirlen und ebenfalls auf den Teig geben.

6 Im vorgeheizten Backofen bei 180 °C (Gas Stufe 2, Umluft 160 °C) etwa 25 Minuten backen.

Speck-Nuss-Rolle

Quark-Öl-Teig (▸ Seite 13)

Fein
Gelingt leicht
1 Backblech, 30 x 40 cm

Zutaten

- **150 g abgetropfter Quark**
- **1 Ei**
- **6 EL Milch**
- **1/8 l Öl**
- **1/2 TL Salz**
- **400 g Mehl**
- **3 gestr. TL Backpulver**
- **300 g durchwachsener Speck**
- **150 g Semmelbrösel**
- **1 EL Butter**
- **250 g gehackte Erdnüsse**
- **80 g zerlassene Butter zum Bestreichen**

1 Quark durch ein Sieb streichen. Mit Ei, Milch, Öl und Salz verrühren.

2 Mehl und Backpulver vermischen, sieben und nach und nach zum Quark geben. Alles gut verkneten.

3 Den Teig auf bemehlter Fläche ausrollen. Ein Backblech einfetten.

4 Speck in kleine Würfel schneiden, kross ausbraten. Die Semmelbrösel in der Butter goldgelb rösten.

5 Paniermehl, Speckwürfel und die Erdnüsse auf dem Teig verteilen. Den Teig aufrollen, die Ränder fest andrücken. Auf das Backblech legen.

6 Rolle mit zerlassener Butter bestreichen. Im vorgeheizten Backofen bei 180 °C (Gas Stufe 2, Umluft 160 °C) etwa 45 Minuten backen.

Schnittlauchkuchen

Quark-Öl-Teig (▸ Seite 13)

Aromatisch
Gelingt leicht
1 Backblech, 30 x 33 cm

Zutaten

- 150 g Quark
- 1 Ei
- 6 EL Milch
- 1/8 l Öl
- 1 Prise Salz
- 400 g Mehl
- 3 gestr. TL Backpulver
- Butter für das Backblech

Belag

- 4 Bund Schnittlauch
- 100 g Salami
- 150 g gekochter Schinken
- 200 g Schinkenspeck
- 4 Eier
- 400 ml saure Sahne
- 1 kräftige Prise Salz

1 Für den Teig den Quark durch ein Sieb in eine Schüssel streichen. Das Ei, Milch, Öl und das Salz unterrühren.

2 Mehl und Backpulver vermischen, sieben und nach und nach in die Quarkmischung einarbeiten. Gut verkneten.

3 Den Teig auf bemehlter Fläche ausrollen. Ein Backblech einfetten, den Teig auflegen und einen Rand hochziehen.

4 Für den Belag zunächst den Schnittlauch waschen, gut abtropfen lassen und in kleine Röllchen schneiden.

5 Salami, gekochten Schinken und Schinkenspeck in kleine Würfel schneiden und mit dem Schnittlauch auf dem Teig verteilen.

6 Die Eier mit der sauren Sahne und Salz verquirlen und gleichmäßig über den Belag gießen.

7 Im vorgeheizten Backofen bei 180 °C (Gas Stufe 2, Umluft 160 °C) etwa 25 Minuten backen.

Sauerkrautkuchen

Hefeteig (▸ Seite 12)

(▸ Seite 12)

Würzig und saftig
Für Gäste
1 ausziehbares Backblech (33–52 cm)

Zutaten

- 1 kg Mehl
- 60 g Hefe
- 1 kräftige Prise Zucker
- Knapp 1/2 l lauwarme Milch
- 150 g weiche Butter
- 2 Eier
- 1 TL Salz

Belag

- 1 1/2 kg Sauerkraut
- 4 Zwiebeln
- 40 g Butterschmalz
- 300 g Schinkenspeck

Außerdem

- 2 Eigelb
- 2 EL Milch

1 Für den Teig Mehl in eine Schüssel sieben. In die Mitte eine Vertiefung drücken.

2 Zerbröckelte Hefe und Zucker in 1/8 Liter Milch verrühren.

3 Die Hefe-Milch in die Vertiefung gießen, etwas Mehl vom Rand einrühren und einen breiartigen Vorteig herstellen.

4 Zugedeckt an einen warmen Ort stellen und 20 Minuten gehen lassen.

5 Auf dem Mehlrand die Butter in Flöckchen, die Eier und das Salz verteilen.

6 Die Zutaten von der Mitte her zu einem glatten Teig verkneten, dabei die restliche Milch zugeben.

7 Den Teig kräftig durchkneten und zugedeckt 30 Minuten an einem warmen Platz gehen lassen.

8 Für den Belag das Sauerkraut fein hacken.

9 Die Zwiebeln schälen und in kleine Würfel schneiden.

10 In einem Topf das Butterschmalz erhitzen, die Zwiebeln hineingeben und glasig werden lassen.

11 Das Sauerkraut zugeben, 10 Minuten schmoren und anschließend auskühlen lassen.

12 Den Schinkenspeck inzwischen in feine Scheiben schneiden.

13 Den Teig auf bemehlter Fläche gut durchkneten und anschließend in zwei Portionen teilen.

14 Eine Teighälfte auf bemehlter Fläche ausrollen.

15 Ein Backblech einfetten und den Teig darauf legen. Einen Rand hochziehen.

16 Das Sauerkraut auf der Teigplatte verteilen. Die Schinkenspeckscheiben darauf geben.

17 Die andere Teighälfte ebenfalls auf bemehlter Fläche ausrollen.

18 Die Teigplatte auf das Kraut legen und die Ränder fest andrücken.

19 Eigelb und Milch verquirlen und die Teigplatte damit bepinseln.

20 Im vorgeheizten Backofen bei 180 °C (Gas Stufe 2, Umluft 160 °C) etwa 50 Minuten backen.

Gefülltes Brot

Hefeteig (▶ Seite 12)

Würzig
Für Gäste
1 ausziehbares Backblech
(33–52 cm)

Zutaten

- 500 g Mehl
- 20 g Hefe
- 1 Msp. Zucker
- 1/4 l lauwarme Milch
- 100 g Butter
- 1/2 TL Salz

Füllung

- 2 Zwiebeln
- 6 Knoblauchzehen
- 600 g gemischtes Hackfleisch
- 150 g zerlassene Speckwürfel
- 200 g Semmelbrösel
- 100 g abgetropfter Quark
- 2 Eier

Außerdem

- 1 Ei zum Bestreichen

1 Für den Teig das Mehl in eine Schüssel sieben und in die Mitte eine Vertiefung drücken.

2 Die Hefe mit dem Zucker in etwas Milch auflösen.

3 Die Hefe-Milch in die Vertiefung gießen. Etwas Mehl darüber geben.

4 Zugedeckt an einem warmen Ort 20 Minuten gehen lassen.

5 Auf dem Mehlrand die Butter in Flöckchen und Salz verteilen.

6 Von der Mitte her die Zutaten zu einem glatten, geschmeidigen Teig verkneten und dabei die restliche Milch zugeben.

7 Den Hefeteig zugedeckt an einem warmen Ort weitere 30 Minuten gehen lassen.

8 Für die Füllung zunächst die Zwiebeln und Knoblauchzehen schälen und fein hacken.

9 Mit dem Hackfleisch, den Speckwürfeln, den Semmelbröseln, Quark und den Eiern vermischen.

10 Den Teig durchkneten und auf bemehlter Fläche ausrollen.

11 Den Teig mit der Füllung bestreichen und so übereinander schlagen, dass eine Brotform entsteht.

12 Aus den Teigresten Verzierungen (Kreise, Schleifen, Bänder oder Namen) herstellen und auf das Brot legen.

13 Das Ei verquirlen und damit das Brot bestreichen.

14 Ein Backblech einfetten und das Brot auf das Blech legen.

15 Das Brot im vorgeheizten Backofen bei 180 °C (Gas Stufe 2, Umluft 160 °C) etwa 45 Minuten backen.

Sahniger Kartoffelkuchen

Hefeteig (▸ Seite 12)

Beliebt
Für Gäste
1 ausziehbares Backblech (33–52 cm)

Zutaten

- 6 Zwiebeln
- 125 g Butter
- 400 g Mehl
- 40 g Hefe
- 1/2 TL Zucker
- 300 ml lauwarme Milch
- 2 Eier
- 2 EL Kümmel
- Paniermehl für das Backblech

Belag

- 500 g Kartoffeln
- 5 säuerliche Äpfel
- 1 Zwiebel
- 750 g Blutwurst
- 4 EL gehackte Kräuter
- (Majoran, Petersilie, Schnittlauch)
- Salz
- Frisch gemahlener weißer Pfeffer

Guss

- 500 g Schmand
- 6 Eigelb
- 200 ml Sahne
- 1 EL Speisestärke

1 Für den Teig zunächst die Zwiebeln schälen und fein hacken.

2 In einer Pfanne 50 Gramm Butter erhitzen, die Zwiebeln darin bräunen und auskühlen lassen.

3 Die Kartoffeln für den Belag zunächst in der Schale kochen, schälen und anschließend grob reiben.

4 Für den Teig das Mehl in eine Schüssel sieben und in die Mitte eine Vertiefung drücken.

5 Die Hefe mit dem Zucker in 1/8 Liter Milch verquirlen.

6 Die Hefe-Milch in die Vertiefung gießen. Etwas Mehl vom Rand einrühren, einen breiartigen Vorteig herstellen.

7 Den Hefeteig zugedeckt an einen warmen Ort stellen und 20 Minuten gehen lassen.

8 Von der Mitte die Zutaten zu einem glatten Hefeteig verkneten, dabei restliche Butter, Eier, Kümmel und die restliche Milch zugeben.

9 Den Teig nochmals zugedeckt an einem warmen Platz 30 Minuten gehen lassen.

10 Ein Backblech einfetten und mit Paniermehl ausstreuen.

11 Den Teig auf bemehlter Fläche durchkneten und ausrollen.

12 Den Teig auf das Backblech legen und ringsum einen Rand hochziehen. Den Teig mit einer Gabel mehrmals einstechen.

13 Die Äpfel schälen, in Spalten, dann in kleine Würfel schneiden, dabei das Kernhaus entfernen.

14 Die Zwiebel schälen und fein hacken. Die Blutwurst in kleine Würfel schneiden.

15 Äpfel, Blutwurst, geriebene Kartoffeln, Zwiebel und Kräuter auf dem Teig verteilen. Mit Salz und Pfeffer bestreuen.

16 Für den Guss Schmand mit Eigelb, Sahne und Speisestärke verrühren, mit Salz würzen und auf dem Belag verteilen.

17 Im vorgeheizten Backofen bei 180 °C (Gas Stufe 2, Umluft 160 °C) etwa 35 Minuten backen.

Gemüsekuchen

Hefeteig (▸ Seite 12)

Raffiniert und fein
Für Gäste
1 Backblech, 30 x 40 cm

Zutaten

- 400 g Mehl
- 20 g Hefe
- 2 EL Olivenöl
- 1 kräftige Prise Salz
- Butter für das Backblech

Belag

- 1 mittelgroße Aubergine
- Salz
- 5 El Olivenöl
- 6 Tomaten
- Frisch gemahlener weißer Pfeffer
- 250 g Mozzarella
- 300 g roher Schinken
- 3 EL Tomatenmark
- 1 TL Oregano
- 1/2 Tl Majoran
- 2 EL Basilikum

▸ **Tipp:** Das beste Aroma hat Pfeffer frisch gemahlen. Die Beeren des Pfefferstrauches werden für schwarzen Pfeffer unreif geerntet und getrocknet. Dadurch werden sie dunkel. Die reifen Beeren werden dann für den milderen weißen Pfeffer gepflückt. Vor dem Trocknen wird die Fruchthaut abgerieben.

1 Mehl in eine Schüssel sieben und in die Mitte eine Vertiefung drücken.

2 Die Hefe in 150 Milliliter lauwarmem Wasser verrühren, in die Vertiefung gießen, mit dem Mehl vermischen.

3 Die Schüssel abdecken und an einem warmen Ort 20 Minuten gehen lassen.

4 Olivenöl und Salz zum Teig geben und ihn kräftig durchkneten. Etwas Mehl darüber stäuben.

5 Den Hefeteig zugedeckt an einem warmen Ort 30 Minuten gehen lassen.

6 Für den Belag die Aubergine in Scheiben schneiden und mit Salz einreiben.

7 Die Auberginen 10 Minuten ziehen lassen und trockentupfen.

8 Das Olivenöl in einer Pfanne erhitzen und die Auberginenscheiben darin anbräunen.

9 Die Tomaten über Kreuz einritzen, kurz überbrühen, abschrecken und enthäuten.

10 Dann die Stielansätze herausschneiden und die Tomaten in Scheiben schneiden.

11 Die Tomaten mit den Auberginenscheiben vermischen und mit Salz und Pfeffer würzen.

12 Mozzarella in Scheiben und den Schinken in Würfel schneiden.

13 Den Teig auf bemehlter Fläche ausrollen.

14 Ein Backblech einfetten, den Teig hineingeben, einen Rand hochziehen.

15 Den Teig mit dem Tomatenmark bestreichen.

16 Die Auberginen-Tomatenmischung, Mozzarella und Schinken auf dem Teig verteilen.

17 Zum Schluss Oregano, Majoran und Basilikum auf den Belag streuen.

18 Den Gemüsekuchen im vorgeheizten Backofen bei 200 °C (Gas Stufe 3, Umluft 180 °C) etwa 20 Minuten backen.

Würzige Kartoffelrolle

Hefeteig (▶ Seite 12)

Fein
Für Gäste
1 Backblech, 30 x 40 cm

Zutaten

- 400 g mehlige Kartoffeln
- 500 g Mehl
- 50 g Hefe
- 1/2 TL Zucker
- 1/8 l lauwarme Milch
- 2 Eier
- 250 g abgetropfter Quark
- 1/2 TL Salz
- Butter für das Backblech

Füllung
- 400 g durchwachsener Speck
- 600 g Zwiebeln
- 30 g Butterschmalz
- 200 g geriebener Käse
- 4 EL gehackte Kräuter (Schnittlauch, Petersilie, Majoran)

Außerdem
- 1 Eigelb
- 2 EL Milch

Dekoration
- 4 EL Kürbiskerne

1 Für den Teig die Kartoffeln in der Schale kochen, schälen und durch die Kartoffelpresse drücken.

2 Das Mehl in eine Schüssel sieben und in die Mitte eine Vertiefung drücken.

3 Hefe und Zucker in der Milch verrühren, in die Vertiefung gießen, etwas Mehl vom Rand hineingeben und zu einem breiartigen Vorteig verrühren.

4 Den Hefeteig zugedeckt an einem warmen Platz 20 Minuten gehen lassen.

5 Auf dem Mehlrand die Kartoffelmasse, Eier, Quark und Salz verteilen.

6 Die Zutaten von der Mitte her zu einem glatten Teig verkneten.

7 Den Teig zugedeckt für weitere 30 Minuten an einen warmen Ort stellen.

8 Für die Füllung den Speck in kleine Würfel schneiden.

9 Die Zwiebeln schälen und fein hacken.

10 In einer Pfanne das Butterschmalz erhitzen, Speck und Zwiebeln hineingeben und 5 Minuten rösten. Auskühlen lassen.

11 Den Teig gut durchkneten, halbieren und jede Teighälfte auf bemehlter Fläche ausrollen.

12 Zwiebeln und Speck mit dem Bratfett je zur Hälfte auf den beiden Teigböden verteilen, den geriebenen Käse und die Kräuter darüber streuen.

13 Den Teig jeweils aufrollen. Ein Backblech einfetten, die Kartoffelrollen darauf geben.

14 Eigelb und Milch verrühren, die Rollen damit bestreichen und zum Schluss mit Kürbiskernen verzieren.

15 Im vorgeheizten Backofen bei 180 °C (Gas Stufe 2, Umluft 160 °C) etwa 35 Minuten backen.

Sahniger Spargelkuchen

Knetteig (▸ Seite 12)

Fein und aromatisch
Für Gäste
1 ausziehbares Backblech
(33–52 cm)

Zutaten

- 500 g Mehl
- 2 gestr. TL Backpulver
- 1 Eigelb
- 2 Eiweiß
- 2 EL Milch
- 1/2 TL Salz
- Frisch gemahlener weißer Pfeffer
- 300 g kalte Butter

Belag

- 1 1/2 kg gekochter grüner Spargel
- 1/8 l Spargelbrühe
- 200 g Sahne
- 8 Eier
- 2 TL Speisestärke
- Salz
- Je 3 EL frisch gewiegter Kerbel und Petersilie

▸ **Tipp:** Grüner Spargel ist zarter als weißer Spargel. Er muss meist nur am unteren Ende geschält werden. Die Garzeit beträgt, je nachdem wie dick die Stangen sind, 8 bis 10 Minuten. Spargel verträgt sich gut mit Kräutern wie beispielsweise Kerbel, Petersilie, Dill.

1 Für den Teig das Mehl mit dem Backpulver vermischen, in eine Schüssel sieben und in die Mitte eine Vertiefung drücken.

2 Eigelb, Eiweiß, Milch, Salz und Pfeffer in die Vertiefung geben, mit etwas Mehl bedecken und einen Brei herstellen.

3 Die Butter in Stücke schneiden, auf den Brei legen, mit Mehl bedecken.

4 Von der Mitte her die Zutaten zu einem glatten, geschmeidigen Teig verkneten.

5 Den Teig 30 Minuten kalt stellen.

6 Den Teig auf bemehlter Fläche ausrollen.

7 Ein Backblech einfetten und den Teig auf das Blech legen.

8 Für den Belag die Spargelköpfe abschneiden, die Spargelenden in Stücke schneiden.

9 Spargelköpfe und Spargelstücke auf dem Teig anordnen.

10 Die Spargelbrühe mit der Sahne verrühren und in einem Topf einige Minuten einkochen. Den Topf vom Herd nehmen.

11 Die Eier und die Speisestärke einrühren, mit Salz würzen und die Kräuter hinzufügen.

12 Die Mischung auf dem Spargel verteilen.

13 Im vorgeheizten Backofen bei 180 °C (Gas Stufe 2, Umluft 160 °C) etwa 40 Minuten backen.

Pikantes Brot

Hefeteig (▸ Seite 12)

Locker und würzig
Gelingt leicht
1 Backblech, 30 x 40 cm

Zutaten

- **500 g Mehl**
- **30 g Hefe**
- **1 Prise Zucker**
- **1/4 l Milch**
- **1/2 Zwiebel**
- **1 Bund Schnittlauch**
- **1/2 TL Salz**
- **1/2 TL gemahlener Kümmel**
- **1 Ei**
- **Butter für das Backblech**

Füllung

- **1/2 Zwiebel**
- **150 g durchwachsener Speck**
- **1 EL Butterschmalz**
- **300 g abgetropftes, zerkleinertes Sauerkraut**
- **5 EL Weißwein**
- **Salz**
- **Frisch gemahlener weißer Pfeffer**

Außerdem

- **1 Eigelb**
- **1 EL Milch**
- **Salz und Kümmel zum Bestreuen**

1 Das Mehl in eine Schüssel sieben, in die Mitte eine Vertiefung drücken.

2 Die Hefe mit dem Zucker in etwas lauwarmer Milch verquirlen und in die Vertiefung gießen.

3 Etwas Mehl vom Rand in die Hefe-Milch einrühren und einen breiartigen Vorteig bereiten.

4 Zugedeckt 20 Minuten an einem warmen Ort gehen lassen.

5 Die Zwiebel schälen und fein hacken.

6 Den Schnittlauch waschen, abtropfen lassen und in feine Röllchen schneiden.

7 Auf dem Mehlrand Zwiebel, Schnittlauchröllchen, Salz, Kümmel und das Ei anordnen.

8 Von der Mitte her alles zu einem geschmeidigen Teig verkneten.

9 Den Teig nochmals 30 Minuten zugedeckt an einem warmen Ort gehen lassen.

10 Für die Füllung Zwiebel schälen und fein hacken. Den Speck in kleine Würfel schneiden.

11 Das Butterschmalz in einen Topf geben und erhitzen. Die Zwiebel und den Speck zugeben und andünsten.

12 Sauerkraut und Weißwein zufügen und mit Salz und Pfeffer würzen.

13 Die Masse 10 Minuten zugedeckt garen und dann auskühlen lassen.

14 Den Teig nochmals durchkneten und auf bemehlter Fläche 1 Zentimeter dick ausrollen.

15 In die Mitte des Teiges die abgetropfte Krautfüllung geben.

16 Den Teig aufrollen und in Brotform bringen.

17 Eigelb und Milch verrühren, das Brot damit bestreichen und mit Salz und Kümmel bestreuen.

18 Ein Backblech einfetten, das Brot auf das Blech legen.

19 Das gefüllte Brot im vorgeheizten Backofen bei 180 °C (Gas Stufe 2, Umluft 160 °C) etwa 50 Minuten backen.

Herzhafte Blätterteigrolle

Blätterteig (▸ Seite 14)

Pikant und delikat
Für Gäste
1 Backblech, 30 x 40 cm

Zutaten

- 900 g TK-Blätterteig (2 Pakete à 450 g)
- 1 kg fest kochende Kartoffeln
- 1 Zwiebel
- 200 g gekochter Schinken
- 2 Bund Schnittlauch
- 200 g abgetropfter Quark
- 3 EL Crème fraîche
- 3 Eier
- 1 EL Speisestärke
- Salz
- Frisch gemahlener weißer Pfeffer
- Mehl zum Bearbeiten

Außerdem

- 1 Eigelb
- 1 El Milch

1 Den Blätterteig auftauen lassen.

2 Die Kartoffeln in der Schale kochen, schälen und in dünne Scheiben schneiden.

3 Die Zwiebel schälen und fein hacken. Den gekochten Schinken in kleine Würfel schneiden.

4 Den Schnittlauch waschen, abtropfen lassen, in kleine Röllchen schneiden.

5 Den Quark in eine Schüssel geben, Crème fraîche, Eier und Speisestärke unterrühren.

6 Kartoffeln, Zwiebeln, Schinken und Schnittlauch untermischen. Mit Salz und Pfeffer würzen.

7 Jeweils eine Blätterteigplatte auf bemehlter Fläche zu einem Rechteck ausrollen und mit der Hälfte der Füllung belegen.

8 Den Teig aufrollen, die Ränder mit Wasser bestreichen und fest zusammendrücken.

9 Ein Backblech mit Backpapier auslegen, die Teigrollen auflegen.

10 Eigelb und Milch verrühren, die Teigrollen damit bestreichen. Die Teigoberfläche mehrmals mit einer Gabel einstechen.

11 Die Blätterteigrolle im vorgeheizten Backofen bei 180 °C (Gas Stufe 2, Umluft 160 °C) etwa 35 Minuten backen.

Kräuterbrot

Hefeteig (▸ Seite 12)

Beliebt und fein
Für Gäste
1 Backblech, 30 x 40 cm

Zutaten

- 500 g Mehl
- 30 g Hefe
- 1 kräftige Prise Zucker
- Knapp 1/4 l lauwarme Milch
- 5 Schalotten
- 1 Bund glatte Petersilie
- 3 EL fein gewiegter Kerbel
- 1/2 TL Salz
- 1 TL gemahlener Kümmel
- 80 g weiche Butter
- 1 Ei

Außerdem

- 1 Eigelb
- Salz und Kümmel zum Bestreuen

1 Für den Teig das Mehl in eine Schüssel sieben und in die Mitte eine Vertiefung drücken.

2 Die zerbröckelte Hefe mit dem Zucker in 1/8 Liter Milch auflösen.

3 Die Hefe-Milch in die Vertiefung gießen, etwas Mehl vom Rand zufügen und daraus einen breiartigen Vorteig bereiten.

4 Den Vorteig zugedeckt 20 Minuten an einen warmen Platz stellen und gehen lassen.

5 Die Schalotten schälen und in feine Würfelchen schneiden.

6 Die Petersilie waschen und trockenschütteln. Die Blätter abzupfen und fein schneiden.

7 Auf dem Mehlrand die Schalotten, Petersilie, Kerbel, Salz, Kümmel, die Butter in Flöckchen und das Ei anordnen.

8 Von der Mitte her die Zutaten verkneten, dabei die restliche Milch zugeben.

9 Den Teig gut durchkneten und zugedeckt an einem warmen Ort 45 Minuten gehen lassen.

▸ **Tipp:** Hefeteig sollte erst geformt werden, wenn der Teig bereits einmal gegangen ist. Sonst wird das Backwerk schwer und zu fest. Manche Brote oder Zöpfe benötigen nach dem Formen noch einmal Zeit. Ein idealer Standort dafür ist der Backofen. Er wird auf knapp 50 Grad vorgeheizt und bietet dann optimale Bedingungen für den Hefeteig. Um zu prüfen, ob das Brot gar ist, stechen Sie mit einem Holzstäbchen in den Teig. Sollte noch Teig daran haften, muss das Brot noch eine Weile backen.

10 Den Teig auf bemehlter Fläche nochmals durchkneten und in eine ovale oder runde Brotform bringen.

11 Das Eigelb verquirlen, damit das Brot bestreichen und mit Salz und Kümmel bestreuen.

12 Ein Backblech einfetten und das Brot auflegen.

13 Im vorgeheizten Backofen bei 180 °C (Gas Stufe 2, Umluft 160 °C) etwa 50 Minuten backen.

Zwiebelbrot

Hefeteig (▸ Seite 12)

Beliebt und fein
Für Gäste
1 Backblech, 30 x 40 cm

Zutaten

- 1 kg Mehl
- 40 g Hefe
- 1/2 TL Zucker
- 1/2 l lauwarmes Wasser
- Salz
- 4 TL getrockneter Oregano
- 1 kg Zwiebeln
- 5 Knoblauchzehen
- 2 EL Olivenöl
- 125 g Tomatenpüree
- 125 g gehackte, entsteinte Oliven
- 4 EL gehackte Kapern
- Frisch gemahlener schwarzer Pfeffer
- Butter für das Backblech
- 200 g geriebener Käse

1 Für den Teig das Mehl in eine Schüssel sieben und in die Mitte eine Vertiefung drücken.

2 Die zerbröckelte Hefe mit dem Zucker in 1/8 Liter Wasser verrühren.

3 Die Mischung in die Vertiefung gießen, etwas Mehl vom Rand zufügen und einen breiartigen Vorteig rühren.

4 Den Teig zugedeckt 20 Minuten an einem warmen Ort gehen lassen.

5 Auf dem Mehlrand 1 Teelöffel Salz und 2 Teelöffel Oregano verteilen.

6 Die Zutaten von der Mitte her verkneten, dabei noch 375 Milliliter Wasser zugeben.

7 Den Teig zugedeckt an einem warmen Ort nochmals 30 Minuten gehen lassen.

8 Inzwischen die Zwiebeln und die Knoblauchzehen schälen und fein hacken.

9 In einer Pfanne das Olivenöl erhitzen, die Zwiebeln hineingeben und 5 Minuten dünsten.

10 Knoblauch, den restlichen Oregano, Tomatenpüree, Oliven und Kapern hineingeben. Mit Salz und Pfeffer abschmecken.

11 Den Teig auf bemehlter Fläche gut durchkneten und ausrollen.

12 Den Teig dann mit der bereits abgekühlten Zwiebelmischung bestreichen.

13 Den Teig aufrollen und anschließend in eine längliche Brotform bringen. Die Enden zusammendrücken und verschließen.

14 Ein Backblech einfetten und das Brot darauf legen.

15 Das Brot mit lauwarmem Wasser bestreichen und mit Käse bestreuen. Den Käse leicht andrücken.

16 Das Zwiebelbrot nochmals 15 Minuten gehen lassen.

17 Im vorgeheizten Backofen bei 180 °C (Gas Stufe 2, Umluft 160 °C) etwa 55 Minuten backen.

Walnussbrot

Hefeteig (▶ Seite 12)

Fein und aromatisch
Gelingt leicht
1 Backblech, 30 x 40 cm

Zutaten

- ▷ **500 g Mehl**
- ▷ **30 g Hefe**
- ▷ **1/2 TL Zucker**
- ▷ **1/4 l lauwarmes Wasser**
- ▷ **2 EL gehackte Schalotten**
- ▷ **125 g gehackte, geröstete Walnüsse**
- ▷ **1 TL Salz**
- ▷ **Butter für das Backblech**

Außerdem

- ▷ **Walnussöl zum Bestreichen**
- ▷ **Salz und Pfeffer zum Bestreuen**

Dekoration

- ▷ **Walnusshälften**

1 Für den Hefeteig das Mehl in eine Schüssel sieben und in die Mitte eine Vertiefung drücken.

2 Die Hefe mit dem Zucker in 1/8 Liter Wasser verrühren.

3 Die Hefe-Mischung in die Vertiefung gießen, etwas Mehl vom Rand dazugeben und einen breiartigen Vorteig rühren.

▶ **Tipp:** Walnüsse besitzen einen hohen Ölgehalt und sind deshalb nur zwei bis drei Monate haltbar. Geschälte und luftdicht verpackte Walnüsse halten sich bis zu einem halben Jahr. Da sie auch mit Schale geruchsempfindlich sind, sollte man sie getrennt von anderen Lebensmitteln lagern. Diese beliebten Nüsse vertragen sich mit herzhaften und süßen Zutaten.

4 Zugedeckt 20 Minuten an einen warmen Platz stellen und gehen lassen.

5 Auf dem Mehlrand Schalotten, Walnüsse und Salz verteilen.

6 Die Zutaten von der Mitte her verkneten, dabei noch 1/8 Liter Wasser zugeben.

7 Den Teig gut durchkneten und zugedeckt an einem warmen Ort 30 Minuten gehen lassen.

8 Ein Backblech einfetten. Den Teig nochmals auf bemehlter Fläche durchkneten und in eine ovale oder runde Form bringen.

9 Den Teig auf das Blech geben und 10 Minuten gehen lassen.

10 Das Brot mit Walnussöl bestreichen, mit Salz und Pfeffer bestreuen.

11 Zum Schluss das Brot nach Belieben mit Walnusshälften verzieren.

12 Im vorgeheizten Backofen bei 180 °C (Gas Stufe 2, Umluft 160 °C) etwa 50 Minuten backen.

Kräftiges Bauernbrot mit Erdnüssen

Hefeteig (▶ Seite 12)

Herzhaft
Gelingt leicht
1 Backblech, 30 x 40 cm

Zutaten

- 500 g Roggenmehl
- 500 g Weizenmehl
- 60 g Hefe
- 1/2 TL Zucker
- 1/2 l Wasser
- 150 g Sauerteig (vom Bäcker)
- 1 TL Salz
- 6 EL Sirup
- 200 g gehackte, geröstete Erdnüsse
- Butter für das Backblech

1 Roggenmehl und Weizenmehl vermischen und in eine Schüssel sieben.

2 Hefe und Zucker in 200 Milliliter Wasser verrühren, in die Vertiefung gießen und mit etwas Mehl vom Rand zu einem breiartigen Vorteig verrühren. Zugedeckt 30 Minuten gehen lassen.

4 Sauerteig, Salz und Sirup mit 300 Milliliter Wasser verrühren und auf dem Mehlrand verteilen. Von der Mitte her zu einem glatten Teig verkneten, dabei die Erdnüsse unterkneten.

6 Den Teig gut durchkneten und zugedeckt an einem warmen Platz 1 Stunde gehen lassen.

7 Ein Backblech einfetten. Den Teig durchkneten, in eine runde Form bringen, auf das Backblech legen.

8 Den Teig mit lauwarmem Wasser bestreichen und zum Schluss mit einem Messer mehrmals einritzen.

9 Im vorgeheizten Backofen bei 200 °C (Gas Stufe 3, Umluft 180 °C) etwa 50 Minuten backen.

Safranbrot

Hefeteig (▶ Seite 12)

Für Gäste
1 Backblech, 30 x 40 cm

Zutaten

- 500 g Mehl
- 30 g Hefe
- 1 Prise Zucker
- 1/4 l lauwarme Milch
- 1 TL gemahlener Safran
- 1 Ei
- 125 g weiche Butter
- 1/2 TL Salz
- 2 EL Milch

1 Mehl sieben, in die Mitte eine Vertiefung drücken. Hefe und Zucker in 1/8 Liter Milch verrühren, in die Vertiefung gießen, Mehl zugeben und einen Vorteig herstellen. 20 Minuten gehen lassen.

2 Safran in 1 Esslöffel warmem Wasser auflösen, mit Ei, Butter, Salz auf dem Mehlrand verteilen. Von der Mitte her zu einem glatten Teig verkneten, dabei restliche Milch zugeben.

3 Zugedeckt 30 Minuten gehen lassen. Den Teig mit bemehlten Händen durchkneten und in eine ovale oder runde Brotform bringen. Mit der Milch bestreichen.

4 Ein Backblech einfetten, das Safranbrot auflegen.

5 Im vorgeheizten Backofen bei 200 °C (Gas Stufe 3, Umluft 180 °C) etwa 50 Minuten backen.

Geformte Blechkuchen

Sie zeigen sich außen goldbraun und knusprig, innen locker und aromatisch oder lecker gefüllt: Frühstücksbrote, aromatische Rollen und raffiniert gefüllte Strudel mit Nüssen, Früchten, Quark oder Mohn sind ein Gedicht! Wer die Hände gern im Teig hat, kommt hier auf seine Kosten, denn er darf nach Herzenslust flechten, rollen, füllen und formen. Wählen Sie Ihren Favoriten!

Gewürzkranz

Hefeteig (▶ Seite 12)

Aromatisch und fein
Lässt sich vorbereiten
1 Backblech, 30 x 40 cm

Zutaten

- 500 g Mehl
- 30 g Hefe
- 80 g Zucker
- 200 ml lauwarme Milch
- 1 Prise Salz
- 1 TL abgeriebene, unbehandelte Zitronenschale
- 125 g weiche Butter
- 1 Ei

Füllung

- 2 EL ungemahlener Mohn
- 125 g Rosinen
- 100 g getrocknete Feigen
- 4 EL Rum
- 30 g frisch geriebener Ingwer
- 200 g gemahlene Mandeln
- 4 EL Zucker
- Je 1/2 TL Zimt- und Nelkenpulver
- 125 g Sahne
- 1 Eigelb
- 2 EL Milch

Glasur

- 200 g Puderzucker
- 2 EL Zitronensaft

Dekoration

- 50 g fein geschnittenes Orangeat

1 Für den Teig das Mehl in eine Schüssel sieben und in die Mitte eine Vertiefung drücken.

2 Die Hefe mit 1 Teelöffel Zucker in etwas Milch verrühren, in die Vertiefung gießen, etwas Mehl vom Rand einrühren und einen Vorteig herstellen.

3 Zugedeckt an einem warmen Ort 15 Minuten gehen lassen.

4 Auf dem Mehlrand den restlichen Zucker, das Salz, die Zitronenschale, die Butter und das Ei anordnen.

5 Von der Mitte her die Zutaten zu einem geschmeidigen Teig verkneten, dabei die restliche Milch zufügen.

6 Nochmals an einem warmen Ort zugedeckt 30 Minuten gehen lassen.

7 Inzwischen die Füllung bereiten. Dafür den Mohn in einer trockenen Pfanne etwa 5 Minuten rösten, bis er duftet. Auskühlen lassen.

8 Rosinen waschen und abtropfen lassen. Die Feigen klein schneiden.

▶ **Tipp:** Frischer Ingwer bleibt einige Monate haltbar, wenn er geschält in trockenem Sherry eingelegt wird. Die Flüssigkeit lässt sich dann auch wunderbar als Würzmittel verwenden. Ebenso kann man zum Einlegen Weinbrand oder auch Honig nehmen.

9 Rosinen und Feigen mit Rum beträufeln und mit dem Ingwer vermischen.

10 Mohn, Mandeln, Zucker, Zimt und Nelken mit der Sahne vermengen. Die Rosinen-Feigen-Mischung unterkneten.

11 Den Teig auf bemehlter Fläche zu einem Rechteck von 50 x 30 Zentimeter ausrollen.

12 Die Füllung aufstreichen, dabei einen Teigrand von 2 Zentimeter frei lassen.

13 Eigelb und Milch verquirlen, die Teigränder damit bestreichen.

14 Den Teig von der Längsseite her aufrollen und zu einem Kranz formen.

15 Ein Backblech einfetten, den Kranz auflegen. Nochmals 10 Minuten gehen lassen. Den Kranz in der Mitte rundherum 2 Zentimeter tief einschneiden.

16 Im vorgeheizten Backofen bei 180 °C (Gas Stufe 2, Umluft 160 °C) etwa 40 Minuten backen. Herausnehmen und auskühlen lassen.

17 Den Puderzucker sieben und mit Zitronensaft zu einer dickflüssigen Masse verrühren. Den Kuchen damit glasieren und mit Orangeat verzieren.

Milchzopf

Hefeteig (▸ Seite 12)

Beliebt und fein
Zum Frühstück
1 Backblech, 30 x 40 cm

Zutaten

- **1 kg Mehl**
- **60 g Hefe**
- **125 g Zucker**
- **1/2 l lauwarme Buttermilch**
- **150 g weiche Butter**
- **1/2 TL Salz**
- **2 TL abgeriebene, unbehandelte Orangenschale**
- **4 EL Weinbrand**
- **2 Eigelb**
- **2 EL Milch**

1 Für den Teig das Mehl in eine Schüssel sieben und in die Mitte eine Vertiefung drücken.

2 Die Hefe zerbröckeln und mit etwas Zucker in die Vertiefung geben.

3 Buttermilch zugießen, etwas Mehl vom Rand darüber geben und zu einem Brei verrühren.

4 Den Teig zugedeckt an einem warmen Ort 20 Minuten gehen lassen.

5 Butter, den restlichen Zucker, Salz, Orangenschale und Weinbrand zugeben und alles zu einem glatten Teig verkneten.

6 Den Teig so lange kneten, bis er sich vom Schüsselrand löst.

7 Den Hefeteig zugedeckt an einen warmen Platz stellen und 30 Minuten gehen lassen.

8 Den Teig auf bemehlter Fläche nochmals durchkneten und in drei gleich große Stücke teilen.

▸ **Variante:** Zur Verfeinerung kann man zum Teig 2 bis 3 Esslöffel Rosinen, 1 Esslöffel gehackte Mandeln, 50 Gramm fein geschnittenes Zitronat geben. Falls der Teig zu fest wird, noch etwas Milch zufügen.

9 Jedes Teigstück zu einer Rolle formen und daraus einen Zopf flechten.

10 Ein Backblech einfetten und den Zopf auf das Blech legen.

11 Eigelb und Milch verrühren, den Zopf damit bestreichen und weitere 10 Minuten gehen lassen.

12 Den Milchzopf im vorgeheizten Backofen bei 180 °C (Gas Stufe 2, Umluft 160 °C) etwa 40 Minuten backen.

Süßer Käsekranz

Hefeteig (▶ Seite 12)

Fein aromatisiert
Für Gäste
1 Backblech, 30 x 40 cm

Zutaten

- 500 g Mehl
- 40 g Hefe
- 2 EL Zucker
- 1/4 l lauwarme Milch
- 1 TL abgeriebene, unbehandelte Zitronenschale
- 4 Eigelb
- 100 g weiche Butter
- 1 Prise Salz

Für die Füllung:

- 200 g getrocknete Aprikosen
- 30 g Zitronat
- 500 g abgetropfter Quark
- 200 g Schmand
- 1 Pck. Vanillezucker
- 3 EL Zucker
- 2 EL Vanille-Puddingpulver
- 3 Eigelb
- 50 g zerbröselte Löffelbiskuits
- 1 EL Milch

Guss

- 150 g Aprikosenkonfitüre
- 3 EL Hagelzucker

1 Für den Teig das Mehl in eine Schüssel sieben und in die Mitte eine Vertiefung drücken.

2 Die Hefe mit 1 Teelöffel Zucker in etwas Milch verrühren, in die Vertiefung gießen.

3 Etwas Mehl vom Rand einrühren und daraus einen dickflüssigen Vorteig bereiten.

4 Den Teig 20 Minuten zugedeckt an einem warmen Ort gehen lassen.

5 Auf dem Mehlrand den restlichen Zucker, Zitronenschale, Eigelb, Butter und Salz anordnen.

6 Von der Mitte her die Zutaten zu einem glatten, geschmeidigen Teig verkneten und dabei die restliche Milch zufügen.

7 Den Hefeteig nochmals zugedeckt 30 Minuten an einem warmen Platz gehen lassen.

8 Für die Füllung zunächst Aprikosen und Zitronat fein schneiden.

9 Dann den Quark mit dem Schmand, den Aprikosen, dem Zitronat, Vanillezucker, Zucker, dem Vanille-Puddingpulver und zwei Eigelb verrühren.

10 Den Teig zusammenstoßen, durchkneten, auf bemehlter Fläche zu einem Rechteck von 60 x 40 Zentimeter ausrollen.

11 Die Biskuitbrösel auf den Teig streuen und die Quarkmasse aufstreichen, dabei einen Rand von 2 Zentimeter frei lassen.

12 Das restliche Eigelb mit der Milch verrühren und die freien Teigränder damit bestreichen.

13 Den Teig von der Längsseite aufrollen und zu einem Kranz formen.

14 Ein Backblech einfetten, den Kranz darauf geben und nochmals 10 Minuten gehen lassen.

15 Im vorgeheizten Backofen bei 180 °C (Gas Stufe 2, Umluft 160 °C) etwa 45 Minuten backen.

16 Die Aprikosenkonfitüre leicht erwärmen und durch ein feines Sieb streichen.

17 Den Kranz mit der Konfitüre überziehen und zum Schluss mit Hagelzucker bestreuen.

Apfelkranz

Hefeteig (► Seite 12)

Fein und aromatisch
Für Gäste
1 Backblech, 30 x 40 cm

Zutaten

- 500 g Mehl
- 30 g Hefe
- 3 EL Zucker
- 1/4 l lauwarme Milch
- 100 g Butter
- 2 EL gemahlene Mandeln
- 1 Prise Salz
- 50 g fein geschnittenes Zitronat

Füllung

- 250 g abgetropfter Sahnequark
- 150 g Zucker
- 1/2 TL abgeriebene Zitronenschale
- 1 Ei
- 700 g Äpfel
- 2 EL gehackte Mandeln

Außerdem

- 1 Eigelb zum Bestreichen
- 1 EL Milch zum Bestreichen

Dekoration

- 125 g ganze geschälte Mandeln

1 Das Mehl in eine Schüssel sieben, in die Mitte eine Vertiefung drücken.

2 Die Hefe mit 1 Teelöffel Zucker in etwas Milch verquirlen, in die Vertiefung gießen.

3 Etwas Mehl vom Rand einrühren und einen breiartigen Vorteig bereiten.

4 Zugedeckt 20 Minuten an einem warmen Ort gehen lassen.

5 Auf dem Mehlrand den restlichen Zucker, die Butter in Stücken, die Mandeln, Salz und Zitronat anordnen.

6 Von der Mitte her die Zutaten zu einem glatten, geschmeidigen Teig verkneten und dabei die restliche Milch zufügen.

7 Den Hefeteig nochmals 30 Minuten zugedeckt an einem warmen Ort gehen lassen.

8 Für die Füllung den Quark mit 50 g Zucker, der Zitronenschale und dem Ei verrühren.

9 Die Äpfel schälen und in Viertel, dann in kleine Würfel schneiden, dabei jeweils das Kernhaus sorgfältig entfernen.

10 Den Hefeteig zusammenstoßen, auf bemehlter Fläche zu einem Rechteck ausrollen.

11 Den Teig gleichmäßig mit der Quarkmischung bestreichen.

12 Die Apfelwürfel, die gehackten Mandeln und den restlichen Zucker aufstreuen.

13 Den Teig von der Längsseite her aufrollen und zu einem Kranz formen.

14 Ein Backblech einfetten, den Kranz auf das Blech legen.

15 Eigelb und Milch verrühren und den Kranz damit bestreichen.

16 Den Kranz mehrmals mit einem Messer auf der Oberseite einritzen.

17 Zum Schluss den Kranz mit den ganzen Mandeln verzieren.

18 Den Apfelkranz im vorgeheizten Backofen bei 180 °C (Gas Stufe 2, Umluft 160 °C) etwa 40 Minuten backen.

Brioches

Hefeteig (▶ Seite 12)

Locker und aromatisch
Für Gäste
1 Backblech, 30 x 40 cm

Zutaten

- **500 g Mehl**
- **30 g Hefe**
- **2 EL Zucker**
- **1/4 l lauwarme Milch**
- **1 Pck. Vanillezucker**
- **1 Prise Salz**
- **60 g Butter**

Füllung

- **1 Pck. Vanille-Puddingpulver**
- **2 El Zucker**
- **1/2 l Milch**
- **1 Eigelb**
- **50 g Butter**

Außerdem

- **30 g zerlassene Butter zum Bestreichen**

Glasur

- **150 g Zartbitter-Schokolade**
- **1 TL Öl**
- **50 g Mandelblättchen**

1 Das Mehl in eine Schüssel sieben, in die Mitte eine Vertiefung drücken.

2 Die Hefe mit 1 Teelöffel Zucker in etwas Milch verquirlen.

3 Die Hefe-Milch in die Vertiefung gießen, etwas Mehl vom Mehlrand einrühren und einen breiartigen Vorteig bereiten.

4 Zugedeckt 20 Minuten an einem warmen Ort gehen lassen.

5 Auf dem Mehlrand den restlichen Zucker, Vanillezucker, Salz und die Butter in Stückchen anordnen.

6 Von der Mitte her alles zu einem geschmeidigen Teig verkneten, dabei die restliche Milch zufügen.

7 Nochmals 30 Minuten zugedeckt an einem warmen Ort gehen lassen.

8 Für die Füllung das Puddingpulver mit dem Zucker in etwas kalter Milch verrühren.

9 Die restliche Milch in einem Topf zum Kochen bringen, das angerührte Puddingpulver einrühren.

10 Mehrmals aufwallen lassen, vom Herd nehmen, den Pudding etwas auskühlen lassen. Eigelb und Butter unterrühren. Den Pudding auskühlen lassen.

11 Den Pudding dabei mehrmals umrühren, damit sich keine Haut bildet.

12 Den Teig zusammenstoßen und auf bemehlter Fläche 5 Millimeter dick ausrollen.

13 Quadrate von 12 Zentimeter Durchmesser ausschneiden.

14 Auf jedes Quadrat einen Klecks Pudding geben, dann die Teigecken zur Mitte ziehen und zusammendrücken.

15 Ein Backblech einfetten, die Brioches auflegen. Im vorgeheizten Backofen bei 180 °C (Gas Stufe 2, Umluft 160 °C) etwa 20 Minuten backen.

16 Die Brioches herausnehmen und mit Butter bestreichen.

17 Für die Glasur die Schokolade zerkleinern und im heißen Wasserbad zum Schmelzen bringen. Das Öl einrühren.

18 Die warmen Brioches damit überziehen. Die Mandelblättchen aufstreuen.

Marmeladenrolle

Knetteig (▸ Seite 12)

Aromatisch
Für Gäste
1 Backblech, 30 x 40 cm

Zutaten

- **500 g Mehl**
- **1 Pck. Backpulver**
- **150 g Zucker**
- **2 Eier**
- **2 EL Milch**
- **1 Prise Salz**
- **1/2 TL abgeriebene, unbehandelte Zitronenschale**
- **200 g kalte Butter**

Füllung

- **250 g Aprikosenkonfitüre**
- **1 Ei**
- **2 EL Obstgeist**
- **125 g gemahlene Mandeln**

Guss

- **300 g Zartbitter-Kuvertüre**
- **50 g weiße Kuvertüre**

1 Mehl und Backpulver vermischen, in eine Schüssel sieben und in die Mitte eine Vertiefung drücken.

2 Zucker, Eier, Milch, Salz, Zitronenschale in die Vertiefung geben, mit Mehl bedecken, die Butter in Stücken darüber geben.

3 Alles zu einem geschmeidigen Teig verkneten. 30 Minuten kalt stellen.

4 Den Teig auf bemehlter Fläche zu einem Rechteck ausrollen.

5 Die Konfitüre durch ein Sieb streichen, mit dem Ei und Obstgeist verrühren und auf den Teig streichen. Die Mandeln darüber streuen und den Teig aufrollen.

6 Ein Backblech einfetten, und die Rolle auflegen. Im vorgeheizten Backofen bei 180 °C (Gas Stufe 2, Umluft 160 °C) etwa 45 Minuten backen, dann auskühlen lassen.

7 Die Zartbitter-Kuvertüre zerkleinern und im Wasserbad schmelzen. Die Marmeladenrolle mit Kuvertüre überziehen und kalt stellen.

8 Die weiße Kuvertüre schmelzen und damit die Marmeladenrolle dekorieren.

Mohnrolle

Hefeteig (▶ Seite 12)

Fein aromatisiert
Für Gäste
1 Backblech, 30 x 40 cm

Zutaten

- 500 g Mehl
- 30 g Hefe
- 100 g Zucker
- 1/4 l lauwarme Milch
- 125 g Butter
- 1 TL abgeriebene Zitronenschale
- 1 Prise Salz

Füllung

- Je 2 EL Korinthen und Sultaninen
- 3 EL Rum
- 400 g gemahlener Mohn
- 300 ml Milch
- 175 g Zucker
- 1 EL Vanille-Puddingpulver
- 2 Eier
- 2 EL gehackte Mandeln

Außerdem

- 1 Eigelb
- 1 El Milch

1 Das Mehl in eine Schüssel sieben und in die Mitte eine Vertiefung drücken.

2 Die Hefe mit 1 Teelöffel Zucker in etwas Milch verquirlen, in die Vertiefung gießen.

3 Etwas Mehl vom Rand einrühren und einen breiartigen Vorteig herstellen.

4 Zugedeckt an einem warmen Ort 20 Minuten gehen lassen.

5 Auf dem Mehlrand den restlichen Zucker, die Butter in Stücken, die Zitronenschale und das Salz anordnen.

6 Von der Mitte her die Zutaten zu einem geschmeidigen Brei verkneten und dabei die restliche Milch zufügen.

7 Weitere 30 Minuten zugedeckt an einem warmen Ort gehen lassen.

8 Für die Füllung die Korinthen und Sultaninen waschen, trockentupfen und anschließend mit dem Rum begießen.

9 Den Mohn in einen Topf geben. Etwas Milch mit 1 Esslöffel Zucker und dem Puddingpulver verrühren und mit der restlichen Milch zum Mohn geben.

10 Alles unter Rühren zum Kochen bringen, mehrmals aufwallen lassen.

11 Den Topf vom Herd nehmen, den restlichen Zucker unterrühren, etwas auskühlen lassen.

12 Eier, Mandeln, Korinthen und Rosinen unterrühren. Die Masse auskühlen lassen.

13 Den Teig zusammenstoßen und auf bemehlter Fläche zu einem Rechteck ausrollen.

14 Den Teig mit der Mohnfüllung bestreichen und von der Längsseite her aufrollen.

15 Ein Backblech einfetten und die Mohnrolle darauf geben.

16 Eigelb und Milch verrühren und die Mohnrolle damit bestreichen.

17 Die Rolle nochmals für 10 Minuten gehen lassen. Im vorgeheizten Backofen bei 180 °C (Gas Stufe 2, Umluft 160 °C) etwa 50 Minuten backen.

▶ **Tipp:** Ist der Hefeteig zu weich, arbeiten Sie noch etwas Mehl ein. Wenn er zu fest ist, geben Sie Milch zu.

Mohnstollen mit Birnen

Hefeteig (▸ Seite 12)

Fein und fruchtig
Lässt sich vorbereiten
1 Backblech, 30 x 40 cm

Zutaten

- **500 g Mehl**
- **40 g Hefe**
- **100 g Zucker**
- **1/4 l lauwarme Milch**
- **250 g weiche Butter**
- **100 g gehackte Mandeln**
- **1/2 TL abgeriebene, unbehandelte Zitronenschale**
- **1 Prise Salz**

Füllung

- **250 g getrocknete Birnen**
- **2 EL Rum**
- **250 g gemahlener Mohn**

Glasur

- **100 g zerlassene Butter**
- **150 g Puderzucker**

1 Für den Teig das Mehl in eine Schüssel sieben und in die Mitte eine Vertiefung drücken.

2 Die Hefe mit 1 Teelöffel Zucker in etwas Milch verrühren, in die Vertiefung geben, etwas Mehl darüber stäuben und einen dicklichen Brei bereiten.

3 Zugedeckt an einem warmen Ort 15 Minuten gehen lassen.

4 Auf dem Mehlrand den restlichen Zucker, die Butter in Stückchen, Mandeln, Zitronenschale und Salz verteilen.

5 Von der Mitte her die Zutaten zu einem geschmeidigen Teig verkneten und dabei die restliche Milch zugeben.

6 Zugedeckt an einem warmen Platz 30 Minuten gehen lassen.

7 Die Birnen 15 Minuten in lauwarmem Wasser einweichen und ausdrücken.

8 Die Birnen klein schneiden und mit Rum beträufeln. Mit dem Mohn vermischen.

9 Den Teig nochmals durchkneten und auf bemehlter Fläche zu einem Rechteck ausrollen.

▸ **Tipp:** Ein Stollen ohne Mandeln? Undenkbar! Bei Mandeln unterscheidet man süße und bittere Sorten. Süße Mandeln bekommt man als Kern und gemahlen, mit oder ohne Haut, außerdem gehackt und gestiftelt ohne Haut. Die braune Haut um den Kern lässt sich leicht abziehen, wenn man die Kerne kurz in kochendes Wasser gibt und sie danach kalt abschreckt.
Mandeln machen nicht nur Teige fein, sie sind auch eine hübsche Dekoration auf Kuchen und Plätzchen.

10 Die Mohnmischung aufstreichen, den Teig aufrollen und die Ränder festdrücken.

11 Den Teig in Stollenform bringen und nochmals 15 Minuten gehen lassen.

12 Im vorgeheizten Backofen bei 180 °C (Gas Stufe 2, Umluft 160 °C) etwa 55 Minuten backen.

13 Den Stollen herausnehmen, sofort mit Butter bestreichen und mit Puderzucker bestäuben.

Mohnstollen

Hefeteig (▶ Seite 12)

Aromatisch
Lässt sich vorbereiten
1 Backblech, 30 x 40 cm

Zutaten

- 500 g Mehl
- 40 g Hefe
- 100 g Zucker
- 1/4 l lauwarme Milch
- 1 TL abgeriebene, unbehandelte Zitronenschale
- 180 g zimmerwarmes Butterschmalz
- 1 Prise Salz
- 150 g gemahlene Mandeln

Füllung

- 1/8 l Milch
- 125 g Sahne
- 100 g Zucker
- 400 g gemahlener Mohn
- 1 EL Grieß
- 1/2 TL abgeriebene, unbehandelte Zitronenschale
- 100 g Sultaninen
- 100 g Korinthen
- 1 TL fein geschnittenes Zitronat
- 1 Msp. Zimt
- 2 EL Rum

Glasur

- 100 g zerlassene Butter zum Bestreichen
- 150 g Puderzucker zum Bestreichen

1 Für den Teig das Mehl in eine Schüssel sieben und in die Mitte eine Vertiefung drücken.

2 Hefe und 1 Teelöffel Zucker in 1/8 Liter Milch verrühren und in die Vertiefung gießen.

3 Etwas Mehl vom Rand zugeben und einen breiartigen Vorteig bereiten.

4 Zugedeckt an einem warmen Ort 20 Minuten gehen lassen.

5 Auf dem Mehlrand den restlichen Zucker, Zitronenschale, Butterschmalz in Flöckchen, Salz und Mandeln verteilen.

6 Von der Mitte her die Zutaten zu einem glatten und geschmeidigen Teig verkneten, dabei die restliche Milch einarbeiten.

7 Den Hefeteig zugedeckt 45 Minuten an einem warmen Ort nochmals gehen lassen.

8 Inzwischen die Mohnfüllung bereiten. Dafür zunächst Sultaninen und Korinthen waschen und abtropfen lassen.

9 Milch, Sahne und Zucker in einen Topf geben, unter Rühren erhitzen.

10 Mohn, Grieß und Zitronenschale zugeben und unter Rühren einige Male aufwallen lassen. Den Topf vom Herd nehmen.

11 Sultaninen, Korinthen, Zitronat, Zimt und Rum in die Mohnmasse einrühren. Auf Zimmertemperatur auskühlen lassen.

12 Den Teig nochmals durchkneten und auf bemehlter Fläche fingerdick ausrollen.

13 Die Mohnmasse auf den Teig streichen, die Teigplatte aufrollen und in Stollenform bringen. Den Stollen nochmals 10 Minuten gehen lassen.

14 Ein Backblech einfetten, den Mohnstollen auflegen und im vorgeheizten Backofen bei 180 °C (Gas Stufe 2, Umluft 160 °C) etwa 1 Stunde backen.

15 Den Stollen herausnehmen, sofort mit zerlassener Butter bestreichen und mit Puderzucker bestäuben.

Quarkstollen

Knetteig (▶ Seite 12)

Fein und aromatisch
Lässt sich vorbereiten
1 Backblech, 30 x 40 cm

Zutaten

- 500 g Mehl
- 1 Pck. Backpulver
- 125 g Zucker
- 2 Eier
- 1 TL abgeriebene, unbehandelte Zitronenschale
- 1 Prise Salz
- 250 g abgetropfter Quark
- 4 EL Rum
- 125 g Butter
- 150 g Sultaninen
- Je 1 EL fein geschnittenes Zitronat und Orangeat
- 100 g gehackte Mandeln

Glasur

- 100 g Butter zum Bestreichen
- 150 g Puderzucker zum Bestreichen

1 Für den Teig Mehl und Backpulver vermischen und in eine Schüssel sieben. In die Mitte eine Vertiefung drücken.

2 Zucker, Eier, Zitronenschale und Salz in die Vertiefung geben und mit etwas Mehl vermischen. Den Quark, Rum und Butter einarbeiten.

3 Die Sultaninen waschen, abtropfen lassen und in Mehl wälzen.

4 Sultaninen, Zitronat, Orangeat und Mandeln unter den Teig kneten. 1 Stunde kühl stellen.

5 Den Teig auf bemehlter Fläche durchkneten und in Stollenform bringen.

6 Ein Backblech einfetten, den Quarkstollen auflegen.

7 Im vorgeheizten Backofen bei 180 °C (Gas Stufe 2, Umluft 160 °C) etwa 55 Minuten backen.

8 Den Stollen herausnehmen, sofort mit Butter bestreichen und mit Puderzucker bestäuben.

Weihnachtsstollen

Hefeteig (▸ Seite 12)

Fein aromatisiert
Lässt sich vorbereiten
1 Backblech, 30 x 40 cm

Zutaten

- 400 g Sultaninen
- 200 g Korinthen
- 6 EL Rum
- 750 g Mehl
- 80 g Hefe
- 125 g Zucker
- 1/4 l lauwarme Milch
- 125 g Zitronat
- 125 g Orangeat
- 2 Pck. Vanillezucker
- 1 EL abgeriebene, unbehandelte Zitronenschale
- 1/2 TL Salz
- 300 g Butterschmalz
- 150 g gehackte Mandeln

Glasur

- 200 g zerlassene Butter
- 3 EL Zucker
- 250 g Puderzucker

▶ Tipp: Vanillezucker können Sie ganz einfach selbst herstellen, indem Sie eine Vanilleschote ausschaben. Das Mark und ein Stück Schote geben Sie mit Zucker in ein Schraubglas. Reste von Vanillezucker können Sie mit Zucker vermischen und beim nächsten Mal verwenden.

1 Für den Teig Sultaninen und Korinthen waschen, abtropfen lassen, mit Rum begießen und über Nacht durchziehen lassen.

2 Am nächsten Tag das Mehl in eine Schüssel sieben und in die Mitte eine Vertiefung drücken. Die Hefe mit 1 Teelöffel Zucker in 1/8 Liter Milch verquirlen.

3 Die Hefe-Milch in die Vertiefung gießen, etwas Mehl vom Rand einrühren und einen breiartigen Vorteig herstellen. Zugedeckt an einem warmen Ort 30 Minuten gehen lassen.

4 Zitronat und Orangeat in kleine Würfel schneiden und auf den Mehlrand geben.

5 Den restlichen Zucker, Vanillezucker, Zitronenschale, Salz und Butterschmalz in Flöckchen auf dem Mehlrand anordnen.

6 Mandeln, Sultaninen und Korinthen ebenfalls auf dem Mehlrand verteilen.

7 Von der Mitte her die Zutaten zu einem glatten und glänzenden Teig verkneten, dabei die restliche Milch einarbeiten.

8 Zugedeckt an einem warmen Ort 90 Minuten gehen lassen.

9 Den Teig nochmals durchkneten und in zwei Teigstücke teilen.

10 Die Teigstücke zu länglichen Broten formen und längs ein wenig einkerben.

11 Die Teigstücke auf ein gebuttertes, leicht bemehltes Backblech geben.

12 Den Teig nochmals 30 Minuten gehen lassen.

13 Im vorgeheizten Backofen bei 200 °C (Gas Stufe 3, Umluft 180 °C) etwa 55 Minuten backen.

14 Die Stollen herausnehmen und sofort mit der Hälfte der zerlassenen Butter bestreichen.

15 Die Stollen mit Zucker bestreuen und mit der Hälfte des Puderzuckers bestäuben.

16 Die restliche Butter darüber streichen und den restlichen Puderzucker darüber sieben.

Weihnachtsstollen mit Marzipan

Hefeteig (▶ Seite 12)

Aromatisch und fein
Lässt sich vorbereiten
1 Backblech, 30 x 40 cm

Zutaten

- **100 g Sultaninen**
- **100 g Korinthen**
- **4 EL Rum**
- **600 g Mehl**
- **40 g Hefe**
- **100 g Zucker**
- **1/4 l lauwarme Milch**
- **50 g Zitronat**
- **50 g Orangeat**
- **100 g weiche Butter**
- **150 g zimmerwarmes Butterschmalz**
- **100 g gehackte Mandeln, darunter 2 bittere**
- **1 TL abgeriebene, unbehandelte Zitronenschale**

Marzipanfüllung

- **Je 50 g getrocknete Aprikosen und Pflaumen**
- **125 g Marzipan-Rohmasse**
- **50 g Puderzucker**
- **2 TL Rum**
- **3 El Sahne**
- **Je 1 EL gemahlene Haselnüsse, Mandeln, Kokosflocken**

Glasur

- **150 g zerlassene Butter**
- **150 g Puderzucker**

1 Für den Teig Sultaninen und Korinthen waschen, abtropfen lassen und mit Rum begießen.

2 Das Mehl in eine Schüssel sieben und in die Mitte eine Vertiefung drücken.

3 Hefe und 1 Teelöffel Zucker in 1/8 Liter Milch verquirlen, in die Vertiefung gießen, etwas Mehl vom Rand einrühren, einen breiartigen Vorteig bereiten.

4 Zugedeckt an einem warmen Ort 20 Minuten gehen lassen.

5 Zitronat und Orangeat fein schneiden.

6 Den restlichen Zucker, Butter und Butterschmalz in Flöckchen, Zitronat, Orangeat, Mandeln, Zitronenschale, Sultaninen und Korinthen auf dem Mehlrand verteilen.

7 Von der Mitte her die Zutaten verkneten, dabei die restliche Milch zufügen. Den Teig kräftig durchkneten. Zugedeckt nochmals 1 Stunde gehen lassen.

8 Für die Füllung zunächst Aprikosen und Pflaumen fein schneiden.

9 Marzipan, Puderzucker, Rum, Sahne, Haselnüsse, Mandeln, Kokosflocken, Aprikosen und Pflaumen verkneten und zu einer Rolle formen.

10 Den Teig nochmals durchkneten und auf bemehlter Fläche zu einem Rechteck ausrollen.

11 Die Marzipanrolle auflegen, den Teig aufrollen, in Stollenform bringen und noch weitere 15 Minuten gehen lassen.

12 Ein Backblech einfetten und den Stollen auflegen.

13 Im vorgeheizten Backofen bei 200 °C (Gas Stufe 3, Umluft 180 °C) etwa 1 Stunde backen.

14 Den Stollen herausnehmen, sofort mit Butter bepinseln und mit Puderzucker bestäuben.

▶ **Tipp:** Marzipan-Rohmasse lässt sich einfacher zwischen zwei Blättern Pergamentpapier ausrollen. Wickeln Sie Marzipan bis zum Verbrauch in ein feuchtes Tuch.

Mandelstollen

Hefeteig (▶ Seite 12)

Beliebt und fein
Lässt sich vorbereiten
1 Backblech, 30 x 40 cm

Zutaten

- **700 g Mehl**
- **45 g Hefe**
- **100 g Zucker**
- **300 ml lauwarme Milch**
- **75 g Zitronat**
- **75 g Orangeat**
- **125 g weiche Butter**
- **100 g zimmerwarmes Butterschmalz**
- **3 Eier**
- **225 g gemahlene Mandeln, darunter 4 bittere**
- **1 TL abgeriebene, unbehandelte Orangenschale**
- **1 kräftige Prise Salz**

Glasur

- **150 g Butter zum Bestreichen**
- **150 g Puderzucker**

1 Für den Teig das Mehl in eine Schüssel sieben und in die Mitte eine Vertiefung drücken.

2 Hefe und 1 Teelöffel Zucker in 1/8 Liter Milch verquirlen, in die Vertiefung gießen, etwas Mehl vom Rand einrühren und einen breiartigen Vorteig herstellen.

3 Den Teig zugedeckt für 20 Minuten an einen warmen Platz stellen und gehen lassen.

4 Inzwischen Zitronat und Orangeat fein schneiden.

5 Auf dem Mehlrand den restlichen Zucker, Butter und Butterschmalz in Flöckchen, Eier, Mandeln, Orangenschale, Zitronat, Orangeat und Salz verteilen.

▶ **Tipp:** Wie lange der Hefeteig gehen muss, hängt von der Menge und der Frische der Hefe ab. Je weniger Hefe verwendet wird und je frischer sie ist, desto länger dauert es, bis sich ihre Wirkung entfaltet. Und immer daran denken: Zugluft beim Ruhen verhindert, dass der Teig richtig aufgeht.

6 Die Zutaten von der Mitte her zu einem glatten, geschmeidigen Teig verkneten und dabei die restliche Milch zufügen.

7 Zugedeckt an einem warmen Ort noch 1 Stunde gehen lassen.

8 Den Teig mit bemehlten Händen durchkneten und in Stollenform bringen.

9 Ein Backblech einfetten, den Stollen auflegen. 20 Minuten gehen lassen.

10 Im vorgeheizten Backofen bei 200 °C (Gas Stufe 3, Umluft 180 °C) etwa 1 Stunde backen.

11 Den Stollen herausnehmen, sofort mit Butter bestreichen und mit Puderzucker bestäuben.

Nussstrudel

Strudelteig (▶ Seite 13)

Aromatisch und delikat
Für Gäste
1 Backblech, 30 x 40 cm

Zutaten

- 250 g Mehl
- 1 Prise Salz
- 65 g zerlassene Butter
- 1 Ei

Füllung

- 450 g gemahlene Haselnüsse
- 150 g Zucker
- 3 Eigelb
- 6 EL Sahne
- 2 EL Rum
- 1 Prise Zimt

Außerdem

- Zerlassene Butter zum Bestreichen
- Zwiebackbrösel zum Bestreuen

1 Für den Teig das Mehl in eine Schüssel sieben, in die Mitte eine Vertiefung drücken.

2 Das Salz, die Butter, das Ei und 1/8 l lauwarmes Wasser in die Vertiefung geben.

3 Von der Mitte her die Zutaten zu einem geschmeidigen Teig verkneten.

4 Den Teig zugedeckt an einem warmen Ort 30 Minuten ruhen lassen.

5 Für die Füllung die Nüsse in eine Schüssel geben und mit dem Zucker, Eigelb, der Sahne, dem Rum und dem Zimt vermengen.

6 Ein Geschirrtuch mit Mehl bestäuben, den Teig darauf ausrollen.

7 Den Teig zuerst dünn mit zerlassener Butter bestreichen.

8 Dann den Teig über die Handrücken papierdünn zu einem Rechteck von etwa 70 x 50 Zentimeter ausziehen.

9 Die dicken Ränder anschließend abschneiden.

10 Den Teig wiederum dünn mit zerlassener Butter bestreichen und mit Zwiebackbröseln bestreuen

11 Dabei darauf achten, dass an den Seiten jeweils 3 Zentimeter frei bleiben sollen.

12 Auf den Teig die Nussmischung auftragen und verstreichen.

13 Dann die frei gelassenen Ränder auf die Nussfüllung klappen.

14 Den Teig mithilfe des Geschirrtuchs von der längeren Seite her aufrollen.

15 Die Rolle an den Enden gut zusammendrücken.

16 Ein Backblech einfetten, den Strudel auf das Blech legen und mit Butter bestreichen.

17 Im vorgeheizten Backofen bei 180 °C (Gas Stufe 2, Umluft 160 °C) 30 Minuten backen

18 Den Strudel herausnehmen und mit zerlassener Butter bestreichen.

19 Den Strudel wieder in den Ofen schieben und noch weitere 15 Minuten backen.

▶ **Tipp:** Beim Strudelteig ist das Ausziehen die Kunst. Mit beiden Händen unter den Teig greifen, von der Mitte her nach außen über die Handrücken ziehen und vorsichtig zum hauchzarten Rechteck dehnen.

Hutzelbrot

Hefeteig (▶ Seite 12)

Saftig und aromatisch
Für Gäste
1 Backblech, 30 x 40 cm

Zutaten

- Je 80 g Sultaninen und Korinthen
- 2 EL Rum
- 1 kg Mehl
- 70 g Hefe
- 125 g Zucker
- 1/2 Liter lauwarmes Wasser
- 1 Prise Salz
- Je 1 Msp. Zimt und Muskat
- 1 TL Lebkuchengewürz
- 1 kg kleine Birnen
- 50 g Zitronat
- 50 g Orangeat
- 10 Feigen
- 8 Datteln
- 150 g gemahlene Mandeln
- 150 g gehackte Haselnüsse

1 Sultaninen und Korinthen waschen, abtropfen lassen und mit Rum begießen.

2 Das Mehl in eine Schüssel sieben und in die Mitte eine Vertiefung drücken.

3 Zerbröckelte Hefe und 1 Teelöffel Zucker in 1/4 Liter Wasser verrühren.

4 Die Mischung in die Vertiefung gießen. Etwas Mehl vom Rand zufügen, einen breiartigen Vorteig bereiten.

5 Zugedeckt 20 Minuten an einem warmen Ort gehen lassen.

6 Auf den Mehlrand den restlichen Zucker, Salz, Zimt, Muskat und Lebkuchengewürz geben.

7 Von der Mitte her die Zutaten zu einem geschmeidigen Teig verkneten, dabei das restliche Wasser zugeben.

8 Zugedeckt 1 Stunde an einem warmen Ort gehen lassen.

9 Die Birnen schälen, in Viertel schneiden, dabei das Kernhaus entfernen.

10 Die Birnen bissfest kochen und abtropfen lassen.

11 Zitronat, Orangeat, Feigen und Datteln klein schneiden.

12 Den aufgegangenen Teig mit bemehlten Händen durchkneten.

13 Sultaninen, Korinthen, Birnen, Zitronat, Orangeat, Feigen, Datteln Mandeln und Haselnüsse unterkneten.

14 Nochmals 1 Stunde zugedeckt an einem warmen Ort gehen lassen.

15 Den Teig zu einem Brot formen. Ein Backblech einfetten und das Hutzelbrot auflegen.

16 Im vorgeheizten Backofen bei 150 °C (Gas Stufe 1, Umluft 130 °C) knapp 2 Stunden backen.

▶ **Tipp:** Zimt ist ein feines und beliebtes Gewürz. Das Besondere: Die Innenrinde der dünnen Zweige des Baumes wird als Gewürz verwendet. Die beiden bekanntesten Arten sind Ceylonzimt und Kassia. Der feinere aromatische Ceylonzimt ist im Handel meist nur in Form von Stangen erhältlich. Er ist teurer als Kassia und heißt auch Ceylonkaneel. Kassia ist schärfer im Geschmack, man kann sie als Pulver oder Zimtstange kaufen. Zimt sollte man dunkel und trocken lagern.

Früchtebrot

Hefeteig (▶ Seite 12)

Aromatisch
Lässt sich vorbereiten
1 Backblech, 30 x 40 cm

Zutaten

- 125 g Sultaninen
- 125 g Korinthen
- 5 EL Rum
- 80 g Orangeat
- 80 g Zitronat
- 80 g kandierte Kirschen
- 500 g Mehl
- 40 g Hefe
- 125 g Zucker
- 200 ml lauwarme Milch
- 4 Eier
- 1 Pck. Vanillezucker
- 1 TL abgeriebene, unbehandelte Orangenschale
- 1 Prise Salz
- 125 g Butter
- 100 g Butterschmalz
- 100 g gehackte Mandeln

Glasur

- 150 g Aprikosenkonfitüre
- 250 g Puderzucker
- 1/2 Eiweiß
- 1 EL Zitronensaft

Dekoration

- Fein geschnittene, unbehandelte Orangenschale

1 Sultaninen und Korinthen waschen, abtropfen lassen und mit Rum begießen.

2 Orangeat und Zitronat fein hacken, die kandierten Kirschen klein schneiden.

3 Das Mehl in eine Schüssel sieben und in die Mitte eine Vertiefung drücken.

4 Die Hefe mit 1 Teelöffel Zucker in der Milch verrühren und in die Vertiefung gießen.

5 Etwas Mehl vom Rand zugeben und einen breiartigen Vorteig herstellen.

6 Zugedeckt an einem warmen Ort 20 Minuten gehen lassen.

7 Auf dem Mehlrand den restlichen Zucker, Eier, Vanillezucker, Orangenschale, Salz, Butter und Butterschmalz in Flöckchen anordnen.

8 Rosinen, Korinthen, Orangeat, Zitronat, kandierte Kirschen und Mandeln ebenfalls darauf verteilen.

9 Von der Mitte her die Zutaten vermischen, gut durchkneten und zur Kugel formen.

10 Zugedeckt an einem warmen Platz 1 Stunde gehen lassen.

11 Den Teig nochmals mit bemehlten Händen durchkneten und in Brotform bringen.

12 Ein Backblech einfetten und den Teig darauf geben.

13 Im vorgeheizten Backofen bei 180 °C (Gas Stufe 2, Umluft 160 °C) etwa 50 Minuten backen.

14 Das Früchtebrot herausnehmen und mit der leicht erwärmten Aprikosenkonfitüre überziehen. Auskühlen lassen.

15 Puderzucker sieben und mit Eiweiß und Zitronensaft verrühren.

16 Das Früchtebrot damit überziehen und als Dekoration Orangenschale aufstreuen.

Süße Brezel

Knetteig (▶ Seite 12)

Sehr fein
Gelingt leicht
1 Backblech, 30 x 40 cm

Zutaten

- 200 g weiche Butter
- 80 g Zucker
- 1 Pck. Vanillezucker
- 3 Eier
- 1 Prise Salz
- 200 g abgetropfter Quark
- 400 g Mehl
- 1 Pck. Backpulver
- 2 EL gehackte Mandeln

Außerdem

- 1 Eigelb
- 1 EL Milch
- Mandelblättchen

1 Butter in einer Schüssel mit Zucker und Vanillezucker schaumig schlagen. Nach und nach die Eier unterrühren. Salz und Quark ebenfalls einrühren.

2 Mehl und Backpulver vermischen, sieben und mit den Mandeln untermengen. Alles gut verkneten.

3 Auf bemehlter Fläche eine Rolle und dann eine Brezel formen. Auf ein gefettetes Backblech geben.

4 Eigelb und Milch verrühren, die Brezel damit bestreichen und mit Mandelblättchen bestreuen.

5 Im vorgeheizten Backofen bei 180 °C (Gas Stufe 2, Umluft 160 °C) etwa 35–40 Minuten backen. Tipp: Kleine Brezeln formen und in 15 Minuten backen.

Süße Kartoffelrolle

Knetteig (▶ Seite 12)

Fein und aromatisch
Für Gäste
1 Backblech, 30 x 40 cm

Zutaten

- 300 g Kartoffeln
- 250 g Mehl
- 1 EL Speisestärke
- 125 g Zucker
- 3 Eier
- 80 g weiche Butter
- 1 Pck. Backpulver
- 250 g Aprikosenkonfitüre
- 100 g zerlassene Butter
- 100 g Zucker zum Bestreuen

1 Die Kartoffeln in der Schale kochen und schälen. Durch die Kartoffelpresse drücken und auskühlen lassen.

2 Die Kartoffelmasse in eine Schüssel geben. Mit zwei Gabeln auflockern und mit Mehl, Speisestärke, Zucker, Eiern, Butter und Backpulver verkneten.

3 Den Teig auf bemehlter Fläche ausrollen und anschließend in Form eines großen Quadrates zurechtschneiden.

4 Die Teigplatte mit der Konfitüre bestreichen.

5 Von einer Spitze beginnend das Quadrat aufrollen und zum Horn umbiegen.

6 Ein Backblech einfetten, die Rolle darauf geben und im vorgeheizten Backofen bei 180 °C (Gas Stufe 2, Umluft 160 °C) etwa 35–40 Minuten backen.

7 Die Rolle herausnehmen, mit zerlassener Butter bestreichen und mit Zucker bestreuen.

Kleines Backwerk

Fein, klein, aufregend, verführerisch – ob süß oder herzhaft, ob äußerlich einfach oder besonders raffiniert: Das Kleingebäck zählt zu den beliebtesten Köstlichkeiten aus der Backstube. Besondere Füllungen und feine Gewürze sorgen für das Aroma, ein wenig Geschick beim Formen für das gute Aussehen. Kleingebäck ziert jede Kaffeetafel und bereichert einen Festtag im Grünen.

Zwetschgentörtchen

Blätterteig (▸ Seite 14)

Fein und fruchtig
Ganz einfach
1 Backblech, 30 x 40 cm

Zutaten

- 450 g TK-Blätterteig
- 2 EL gehackte Haselnüsse
- 150 g Marzipan-Rohmasse
- 2 EL Puderzucker
- 100 g Pflaumenmus
- 500 g Zwetschgen
- Zucker zum Bestreuen

1 Den Blätterteig auftauen lassen und auf bemehlter Fläche ausrollen. Handtellergroße Kreise ausstechen.

2 Haselnüsse, Marzipan-Rohmasse und Puderzucker verkneten.

3 Die Masse dünn ausrollen, Kreise ausstechen und auf die Teigkreise legen. Mit Pflaumenmus bestreichen.

4 Die Zwetschgen waschen, der Länge nach halbieren, entsteinen, in Spalten schneiden und auf den Törtchen anordnen.

5 Ein Backblech mit Backpapier belegen und die Törtchen darauf geben.

6 Im vorgeheizten Backofen bei 180 °C (Gas Stufe 2, Umluft 160 °C) etwa 15 Minuten backen.

7 Die Törtchen herausnehmen und sofort mit Zucker bestreuen.

Birnentörtchen

Blätterteig (▸ Seite 14)

Fein und aromatisch
Für Gäste
1 Backblech, 30 x 40 cm

Zutaten

- 450 g TK-Blätterteig
- 100 g Marzipan-Rohmasse
- 100 g gehackte Walnusskerne
- 1 EL Puderzucker
- 2 EL Obstgeist
- Mehl zum Bearbeiten
- 1 kg Birnen
- 200 g Aprikosenmarmelade

1 Die Blätterteigscheiben nebeneinander auftauen lassen, auf bemehlter Fläche ausrollen.

2 Die ausgerollte Teigplatte dann in Rechtecke von 6 x 10 Zentimeter schneiden.

3 Die Marzipan-Rohmasse mit den Walnüssen, Puderzucker und dem Obstgeist verkneten.

4 Die Birnen schälen, der Länge nach halbieren und dabei das Kernhaus sorgfältig entfernen.

5 Die Birnenhälften etwas aushöhlen, mit Marzipanmasse füllen und auf die Teigrechtecke setzen.

6 Ein Backblech mit Backpapier belegen, die Birnentörtchen darauf geben.

7 Im vorgeheizten Backofen bei 180 °C (Gas Stufe 2, Umluft 160 °C) etwa 35 Minuten backen.

8 Die Aprikosenmarmelade leicht erwärmen und die noch heißen Birnen damit überziehen.

Apfeltörtchen

Blätterteig (▸ Seite 14)

Saftig und fein
Gelingt leicht
1 Backblech, 30 x 40 cm

Zutaten

- **500 g TK-Blätterteig**
- **200 g Marzipan-Rohmasse**
- **2 EL Zucker**
- **1 TL abgeriebene, unbehandelte Zitronenschale**
- **1 Eigelb**
- **1 TL Mehl**
- **2 EL Weinbrand**
- **500 g Äpfel**
- **4 EL Zitronensaft**
- **1 Eigelb zum Bestreichen**

1 Den Blätterteig auftauen lassen und auf bemehlter Fläche ausrollen.

2 Runde und rechteckige Formen von 6 bis 10 Zentimeter Durchmesser ausstechen. Außerdem 1 Zentimeter breite Streifen schneiden.

3 Ein Backblech mit Backpapier auslegen, die Kreise und Rechtecke darauf geben und mit einer Gabel mehrmals einstechen.

4 Für die Füllung die Marzipanrohmasse mit dem Zucker verkneten und die

Zitronenschale, Eigelb, Mehl und Weinbrand einarbeiten.

5 Die Masse auf den Blätterteigkreisen und -rechtecken verteilen.

6 Die Äpfel schälen, in Spalten schneiden, dabei das Kernhaus entfernen. Die Spalten mit Zitronensaft marinieren und auf den Törtchen verteilen.

7 Jeweils zwei Teigstreifen über Kreuz auflegen. Mit dem verquirlten Eigelb bestreichen.

8 Im vorgeheizten Backofen bei 180 °C (Gas Stufe 2, Umluft 160 °C) etwa 25 Minuten backen.

▸ **Tipp für Eilige:** Rollen Sie den aufgetauten Teig auf bemehlter Fläche 4 bis 5 Millimeter dick aus, bestreuen Sie den Teig mit Zucker und rollen Sie den Zucker mit dem Nudelholz fest. Dann die ausgerollte Teigplatte von der oberen und unteren Längsseite zur Mitte aufrollen, sodass zwei miteinander verbundene Rollen vor Ihnen liegen. Die Rollen 30 Minuten kalt stellen. Mit einem scharfen Messer schneidet man gleichmäßig dicke Scheiben von etwa 7 mm Stärke ab, drückt jede Scheibe auf einer Seite in den Zucker. Dann gibt man die Schweinsohren mit der gezuckerten Seite nach oben auf ein mit kaltem Wasser abgespültes Backblech. Im vorgeheizten Backofen bei 180 °C (Gas Stufe 2, Umluft 160 °C) etwa 12 Minuten backen.

Glasierte Mohnbrötchen

Hefeteig (▸ Seite 12)

Locker und aromatisch
Für Gäste
1 Backblech, 30 x 40 cm

Zutaten

- 500 g Mehl
- 30 g Hefe
- 70 g Zucker
- 1/4 l lauwarme Milch
- 1 Ei
- 1/2 TL abgeriebene Zitronenschale
- 1 Prise Salz
- 60 g Butter

Füllung

- 200 g gemahlener Mohn
- 1/8 l Milch
- 1 Ei
- 1 EL gehackte Mandeln
- 1/2 TL abgeriebene Zitronenschale

Guss

- 200 g Puderzucker
- 2–3 EL Zitronensaft
- 20 g weiche Butter

1 Für den Teig das Mehl in eine Schüssel sieben und in die Mitte eine Vertiefung drücken.

2 Die zerbröckelte Hefe zusammen mit 1 Teelöffel Zucker in etwas lauwarme Milch einrühren, bis sie sich aufgelöst hat.

3 Die Hefe-Milch in die Vertiefung gießen, etwas Mehl vom Rand einrühren und einen breiartigen Vorteig bereiten.

4 Den Hefeteig zugedeckt an einen warmen Platz stellen und 20 Minuten gehen lassen.

5 Auf dem Mehlrand den restlichen Zucker, das Ei, die Zitronenschale, das Salz und die Butter in Flöckchen anordnen.

6 Alle Zutaten von der Mitte her zu einem glatten, geschmeidigen Teig verkneten und dabei die restliche Milch zugeben.

7 Den Hefeteig zugedeckt an einem warmen Ort nochmals 30 Minuten gehen lassen.

8 Für die Füllung zunächst den Mohn in eine Schüssel geben.

9 Die Milch zum Kochen bringen und den Mohn damit überbrühen. 15 Minuten quellen lassen.

10 Dann Ei, Mandeln und Zitronenschale unter den Mohn rühren.

11 Den Teig zusammenstoßen, auf bemehlter Fläche zu einer Rolle formen.

12 Die Teigrolle in 16 Teile schneiden. Die Teigstücke flach drücken.

13 Jeweils etwas von der Mohnmasse in die Mitte der Teigstücke geben.

14 Den Teig jeweils über der Füllung zusammenklappen und runde Brötchen formen.

15 Ein Backblech einfetten und die Mohnbrötchen darauf geben.

16 Die Mohnbrötchen im vorgeheizten Backofen bei 180 °C (Gas Stufe 2, Umluft 160 °C) etwa 20 Minuten backen.

17 Die Brötchen herausnehmen und auskühlen lassen.

18 Für den Guss den Puderzucker sieben und mit dem Zitronensaft und der Butter zu einer dickflüssigen Masse verrühren.

19 Die Mohnbrötchen gleichmäßig mit dem Guss überziehen.

Süße Safranbrezeln

Hefeteig (▶ Seite 12)

Aromatisch und fein
2 Backbleche, 30 x 40 cm

Zutaten

- **150 g Sultaninen**
- **2 EL Rum**
- **500 g Mehl**
- **1/2 Würfel Hefe**
- **2 EL Zucker**
- **100 ml lauwarme Milch**
- **7 EL saure Sahne**
- **2 Eier**
- **80 g Butter**
- **1/2 TL gemahlener Safran**
- **1 Eigelb zum Bestreichen**

Guss

- **150 g Puderzucker**
- **2 EL Zitronensaft**

1 Sultaninen waschen, abtropfen lassen, mit Rum beträufeln.

2 Mehl in eine Schüssel sieben, in die Mitte eine Vertiefung drücken.

3 Hefe, Zucker und Milch verquirlen, in die Vertiefung gießen, mit etwas Mehl vom Rand zum breiartigen Vorteig rühren. Zugedeckt an einem warmen Ort 20 Minuten gehen lassen.

4 Auf dem Mehlrand saure Sahne, Eier, Butter in Flöckchen und Sultaninen verteilen. Safran in 1 Esslöffel warmem Wasser verrühren und dazugeben. Alles zu einem geschmeidigen Teig verkneten und an einem warmen Platz zugedeckt 30 Minuten gehen lassen.

5 Den Teig durchkneten, Rollen formen und zu Brezeln legen. Auf ein gefettetes Backblech legen und mit dem Eigelb bestreichen.

6 Im vorgeheizten Backofen bei 200 °C (Gas Stufe 3, Umluft 180 °C) etwa 20 Minuten backen.

7 Für den Guss den Puderzucker mit dem Zitronensaft verrühren und auf die Brezeln streichen.

Schnecken

Quark-Öl-Teig (▶ Seite 13)

Aromatisch
Für Gäste
1 Backblech, 30 x 40 cm

Zutaten

- 4 EL Rosinen
- 4 EL Korinthen
- 2 EL Rum
- 150 g abgetropfter Quark
- 4 El Zucker
- 6 EL Öl
- 1/2 TL abgeriebene, unbehandelte Zitronenschale
- 1 Prise Salz
- 300 g Mehl
- 3 gestr. TL Backpulver
- 50 g weiche Butter
- 3 EL gehackte Mandeln

Glasur

- 200 g Puderzucker
- 3 EL Zitronensaft

1 Rosinen und Korinthen waschen, abtropfen lassen und mit Rum beträufeln.

2 Den Quark durch ein Sieb in eine Schüssel streichen.

3 Mit 2 Esslöffeln Zucker, Öl, Zitronenschale und Salz verrühren.

4 Mehl und Backpulver vermischen, sieben und mit der Quarkmasse vermischen. Gut durchkneten.

5 Den Teig auf bemehlter Fläche zu einem Rechteck ausrollen und mit der Butter bestreichen.

6 Mit dem restlichen Zucker, Rosinen, Korinthen und Mandeln bestreuen.

7 Den Teig aufrollen und in 1 1/2 Zentimeter breite Stücke schneiden.

8 Ein Backblech einfetten, die Teigstücke auflegen und flach drücken.

9 Im vorgeheizten Backofen bei 180 °C (Gas Stufe 2, Umluft 160 °C) etwa 15 Minuten backen.

10 Die Schnecken herausnehmen und auskühlen lassen.

11 Für den Guss den Puderzucker sieben und mit dem Zitronensaft vermischen. Die Schnecken damit glasieren.

▶ **Variante:** Sie können die Schnecken auch aus Hefeteig backen. Sie brauchen dafür: 400 Gramm Mehl, 25 Gramm Hefe, 80 Gramm Zucker, 200 Milliliter lauwarme Milch, 1 Prise Salz, 80 Gramm weiche Butter, 1 Ei und 1/2 Teelöffel abgeriebene, unbehandelte Zitronenschale.
Das Mehl in eine Schüssel sieben, in die Mitte eine Vertiefung drücken. Die Hefe mit 1 Teelöffel Zucker in etwas Milch verquirlen, in die Vertiefung gießen und etwas Mehl vom Rand einrühren. Den Vorteig an einem warmen Ort 20 Minuten zugedeckt gehen lassen. Auf dem Mehlrand Zucker, Salz, Butter in Flöckchen, das Ei und die Zitronenschale anordnen. Von der Mitte her die Zutaten zu einem glatten Teig verkneten, dabei die restliche Milch zufügen. Zugedeckt nochmals an einem warmen Platz 30 Minuten gehen lassen. Den Teig auf bemehlter Fläche ausrollen.

Quarktaschen

Quark-Öl-Teig (▶ Seite 13)

Saftig
Zum Kaffee
1 Backblech, 30 x 40 cm

Zutaten

- 500 g abgetropfter Quark
- 4 EL Zucker
- 1 Prise Salz
- 1 Ei
- 6 EL Öl
- 300 g Mehl
- 2 gestr. TL Backpulver
- 1/2 TL abgeriebene, unbehandelte Zitronenschale
- 200 g Brombeeren
- Etwas Milch

1 200 Gramm Quark mit 2 Esslöffel Zucker, Salz, Ei und Öl verrühren.

2 Das Mehl mit dem Backpulver vermischen, sieben und mit der Quarkmasse mischen.

3 Den restlichen Quark mit restlichem Zucker und Zitronenschale verrühren.

4 Die Brombeeren waschen und abtropfen lassen.

5 Den Teig auf bemehlter Fläche ausrollen. Kreise von 10 Zentimeter Durchmesser ausstechen.

6 Die eine Hälfte der Kreise mit der Quarkmasse bestreichen und mit Brombeeren belegen.

7 Die anderen Kreise dünn mit Milch bestreichen und als Deckel auflegen.

8 Ein Backblech einfetten, die Quarktaschen darauf geben und im vorgeheizten Backofen bei 180 °C (Gas Stufe 2, Umluft 160 °C) etwa 20 Minuten backen.

Quarkbrezeln

Quark-Öl-Teig (▶ Seite 13)

Fein und aromatisch
Gelingt leicht
1 Backblech, 30 x 40 cm

Zutaten

- 300 g abgetropfter Quark
- 150 g zerlassene, ausgekühlte Butter
- 2 EL Öl
- 2 Eier
- 2 EL Zucker
- 1 Pck. Vanillezucker
- 1 Prise Salz
- 400 g Mehl
- 1 Pck. Backpulver
- 3 EL getrocknete Holunderblüten

Außerdem

- 1 Ei
- 3 EL gehackte Mandeln

1 Quark durch ein Sieb in eine Schüssel streichen. Butter, Öl, Eier, Zucker und Vanillezucker in den Quark rühren.

2 Mehl und Backpulver vermischen, sieben und mit den Holunderblüten unter die Quarkmasse mischen.

3 Aus dem Teig auf bemehlter Fläche Röllchen formen und diese in Brezelform legen. Ein Backblech einfetten, die Brezeln auflegen, mit verquirltem Ei bestreichen und mit Mandeln bestreuen.

4 Im vorgeheizten Backofen bei 180 °C (Gas Stufe 2, Umluft 160 °C) etwa 15 Minuten backen.

Liebesknochen mit Zuckerblüten

Brandteig (▸ Seite 14)

Köstlich
Für Gäste
1 Backblech, 30 x 40 cm

Zutaten

- 80 g Butter
- 1 Prise Salz
- 1 TL Zucker
- 125 g Mehl
- 1 EL Speisestärke
- 3 Eier

Füllung

- 1 Mango (500 g)
- 100 g Zucker
- 200 g Quark
- 2 EL Arrak
- 250 g Sahne

Dekoration

- 2–3 Hand voll Begonienblüten
- 2 Eiweiß
- 100 g feiner Zucker

Glasur

- 200 g Puderzucker
- 3 EL Mangosaft
- 1 TL Eiweiß

1 Für den Teig in einem Topf knapp 1/4 Liter Wasser mit der Butter, dem Salz und dem Zucker aufkochen lassen, vom Herd nehmen, sofort Mehl und Speisestärke hineingeben und alles zu einem Kloß verrühren.

2 Den Kloß in eine Schüssel geben und nach und nach die Eier unterrühren.

3 Ein Backblech mit Backpapier belegen. Den Teig in einen Spritzbeutel mit großer Sterntülle füllen und 10 Zentimeter lange Streifen auf das Backpapier spritzen.

4 Im vorgeheizten Backofen bei 180 °C (Gas Stufe 2, Umluft 160 °C) etwa 20 Minuten goldgelb backen.

5 Herausnehmen und auf einem Kuchengitter auskühlen lassen. Die Liebesknochen waagerecht halbieren.

6 Für die Füllung die Mango schälen und längs bis auf den Stein einschneiden. Das Fruchtfleisch in Spalten abtrennen und dann klein schneiden.

7 Zucker, Quark und Arrak schaumig rühren.

8 Die Sahne steif schlagen und mit den Mangostückchen unter die Quarkmasse heben. Die Liebesknochen damit füllen.

9 Für das Verzuckern der Blüten die Blüten zunächst reinigen.

10 Das Eiweiß in einen tiefen Teller geben und dann leicht mit einer Gabel aufschlagen.

11 Die Blüten in das Eiweiß hineintauchen, abtropfen lassen, ringsum mit Zucker bestreuen.

12 Ein Backblech mit Pergamentpapier belegen und die Blüten darauf anordnen.

13 Im vorgeheizten Backofen bei 50 °C trocknen lassen. Die Ofentür einen Spalt breit geöffnet lassen.

14 Die kandierten Blüten auf die Füllung der Liebesknochen geben und jeweils die zweite Hälfte auflegen.

15 Für die Glasur den Puderzucker sieben, mit Mangosaft und Eiweiß glatt rühren. Die Liebesknochen damit überziehen.

▸ **Variante:** Liebesknochen schmecken auch mit einer Füllung aus Erdbeeren. Anstelle der Begonienblüten kann man auch Veilchen oder Rosenblütenblätter verwenden.

Rosenbrötchen

Hefeteig (▶ Seite 12)

Fein
Zum Kaffee
1 ausziehbares Backblech
(33–52 cm)

Zutaten

- 500 g Mehl
- 30 g Hefe
- 100 g Zucker
- 1/4 l lauwarme Milch
- 100 g weiche Butter
- 1 Ei
- 1 Prise Salz

Füllung

- 100 g Rosinen
- 100 g Zucker
- 100 g weiche Butter
- 100 g gehackte Mandeln

Guss

- 200 g Puderzucker
- 4 EL Rosenwasser

1 Für den Hefeteig das Mehl in eine Schüssel sieben und in die Mitte eine Vertiefung drücken.

2 Die Hefe mit 1 Teelöffel Zucker in etwas Milch verquirlen, in die Vertiefung gießen und etwas Mehl darüber stäuben.

3 Den Teig zugedeckt an einem warmen Ort 20 Minuten gehen lassen.

4 Dann den restlichen Zucker, die Butter in Flöckchen, Ei und Salz auf den Mehlrand geben.

5 Von der Mitte her alle Zutaten zu einem glatten Teig verkneten, dabei die restliche Milch zugeben.

6 Den Teig zugedeckt an einem warmen Ort noch 30 Minuten gehen lassen.

7 Den Teig auf bemehlter Fläche zu einer Rolle formen und mit einem scharfen Messer in 2 Zentimeter breite Stücke schneiden.

8 Die Rosinen waschen, trockentupfen und mit Zucker, Butter und den Mandeln vermischen.

9 Die Masse in die Mitte der Scheiben geben. Anschließend die Scheiben zu Brötchen formen.

10 Ein Backblech einfetten, die Brötchen darauf geben.

11 Die Rosenbrötchen im vorgeheizten Backofen bei 180 °C (Gas Stufe 2, Umluft 160 °C) etwa 20 Minuten backen.

12 Die Brötchen herausnehmen und auskühlen lassen.

13 Den Puderzucker sieben, mit dem Rosenwasser verrühren und die Brötchen damit glasieren.

▶ **Tipp:** Rosenwasser lässt sich leicht selbst herstellen. Man sollte immer einen kleinen Vorrat für Backwerk und Desserts parat haben. Man braucht dafür 125 Gramm stark duftende, frisch gepflückte, ungespritzte Rosenblütenblätter. Die Rosenblütenblätter waschen und den bitteren Stielansatz entfernen. Die Blätter in eine Schüssel legen und mit 1/2 Liter lauwarmem Wasser übergießen. Zugedeckt 2 Tage ziehen lassen. Dann die Blüten durch ein feines Leinentuch pressen, die Flüssigkeit auffangen und in einem gut verschließbaren Glas aufbewahren.

Gefüllte Plunderhörnchen

Hefeteig (▶ Seite 12)

Beliebt
Für Gäste
1 ausziehbares Backblech (33–52 cm)

Zutaten

- **600 g Mehl**
- **40 g Hefe**
- **80 g Zucker**
- **200 ml lauwarme Milch**
- **1 Ei**
- **1/2 TL Salz**
- **250 g Butter**
- **1/2 TL abgeriebene, unbehandelte Zitronenschale**
- **250 g Pflaumenmus**

Außerdem

- **2 Eigelb zum Bestreichen**

1 Für den Teig das Mehl in eine Schüssel sieben und in die Mitte eine Vertiefung drücken.

2 Die Hefe und 1 Teelöffel Zucker in 100 Milliliter Milch verrühren, in die Vertiefung gießen.

3 Etwas Mehl vom Rand zufügen und einen breiartigen Vorteig bereiten.

4 Den Teig zugedeckt an einen warmen Ort stellen und 20 Minuten gehen lassen.

5 Auf dem Mehlrand den restlichen Zucker, Ei, Salz, 70 Gramm Butter in Flöckchen und die Zitronenschale verteilen.

6 Von der Mitte her die Zutaten zu einem glatten Teig verkneten, dabei die restliche Milch zugeben.

7 Den Teig kräftig durchkneten, bis er sich vom Schüsselboden löst.

8 Den Teig zugedeckt an einem warmen Platz 30 Minuten gehen lassen.

9 Die restliche Butter dünn zu einer Platte von 20 x 30 Zentimeter ausrollen und kalt stellen.

10 Den Teig auf bemehlter Fläche ausrollen, die Butterplatte in die Mitte des Teigs legen.

11 Die Teigränder darüber schlagen, das Teigstück zu doppelter Größe ausrollen und anschließend wieder dreiteilig zusammenschlagen.

12 Diesen Vorgang nach Ruhepausen von jeweils 10 Minuten noch zweimal wiederholen.

13 Aus dem ausgerollten Teig dann Rechtecke von 10 x 12 Zentimeter ausschneiden.

14 In die Mitte der Rechtecke jeweils 2 Teelöffel Pflaumenmus geben.

15 Die Teighälften übereinander klappen und zusammendrücken. Zu Hörnchen biegen.

16 Das Eigelb mit 1 Esslöffel Wasser verrühren und die Hörnchen damit bestreichen.

17 Ein Backblech einfetten, die Hörnchen darauf geben.

18 Im vorgeheizten Backofen bei 180 °C (Gas Stufe 2, Umluft 160 °C) etwa 20 Minuten backen.

▶ **Tipp:** Wenn Sie Eiweiß oder Eigelb einfrieren, sollten Sie mit dem Datum die jeweilige Anzahl notieren. Das erspart nach dem Auftauen das Abmessen.
Eine andere Möglichkeit ist, einen Eiswürfelbehälter mit etwas Speiseöl auszupinseln und darin einzelne Portionen einzufrieren.

Zuckerhörnchen mit Holunder

Hefeteig (▶ Seite 12)

Beliebt im Frühling
Für Gäste
1 ausziehbares Backblech
(33–52 cm)

Zutaten

- **500 g Mehl**
- **30 g Hefe**
- **4 EL Zucker**
- **150 ml lauwarme Milch**
- **3 Eier**
- **200 g weiche Butter**
- **3 EL getrocknete Holunderblüten**

Dekoration

- **2 Eigelb zum Bestreichen**
- **Hagelzucker zum Bestreuen**

1 Für den Teig das Mehl in eine Schüssel sieben und in die Mitte eine Vertiefung drücken.

2 Die zerbröckelte Hefe mit 1 Esslöffel Zucker in der Milch verrühren.

3 Dann die Hefe-Milch in die Vertiefung gießen und etwas Mehl darüber stäuben.

4 Den Teig zugedeckt an einen warmen Platz stellen und 20 Minuten gehen lassen.

5 Von der Mitte her die Zutaten miteinander verkneten, dabei die Eier, 100 Gramm Butter und die Holunderblüten zugeben.

6 Der Teig muss so lange geknetet werden, bis er glatt und geschmeidig ist.

7 Dann den Hefeteig an einem warmen Ort zugedeckt nochmals 30 Minuten gehen lassen.

8 Den Teig nochmals durchkneten und auf bemehlter Fläche ausrollen.

9 Aus dem Teig Quadrate von 20 Zentimeter Kantenlänge schneiden.

10 Restliche Butter in einem Topf zerlassen.

11 Die Quadrate damit bestreichen und mit dem restlichen Zucker bestreuen.

12 Die Quadrate von einer Spitze beginnend aufwickeln und biegen, sodass kleine Hörnchen entstehen.

13 Ein Backblech einfetten, die Hörnchen auf das Blech legen.

▶ **Variante:** Eine feine Variante für eilige Bäcker sind Marzipan-Hörnchen aus Blätterteig.
Dafür rollt man 450 Gramm aufgetauten Blätterteig aus und schneidet Quadrate von 12 x 12 Zentimeter. Aus 200 Gramm Marzipan-Rohmasse, 6 Esslöffel Sahne, 50 Gramm gehackten und 50 Gramm gemahlenen Haselnüssen bereitet man eine Füllung und gibt die Mischung auf die Quadrate. Dann rollt man die Quadrate von einer Ecke her zu Hörnchen auf, verrührt das Eigelb mit der Milch und bestreicht die Hörnchen damit. Dann legt man die Hörnchen auf ein mit Backpapier ausgelegtes Backblech. Im vorgeheizten Backofen bei 180 °C (Gas Stufe 2, Umluft 160 °C) etwa 15 Minuten backen.

14 Für die Dekoration Eigelb verquirlen, die Hörnchen damit bepinseln und mit Hagelzucker bestreuen.

15 Die Zuckerhörnchen im vorgeheizten Backofen bei 180 °C (Gas Stufe 2, Umluft 160 °C) etwa 20 Minuten backen.

Kümmelhörnchen

Hefeteig (▸ Seite 12)

Würzig
Gelingt leicht
1 ausziehbares Backblech (33–52 cm)

Zutaten

- 500 g Mehl
- 30 g Hefe
- 1 TL Zucker
- 1/4 l lauwarme Milch
- 1 TL Salz
- 2 TL Kümmel
- 80 g Butter
- 1 Ei

Außerdem

- 2 Eigelb zum Bestreichen
- Kümmel und Reibekäse zum Bestreuen

1 Das Mehl in eine Schüssel sieben und in die Mitte eine Vertiefung drücken.

2 Hefe, Zucker und etwas Milch verrühren, in die Vertiefung gießen und mit etwas Mehl einen Vorteig rühren. Zugedeckt 20 Minuten gehen lassen.

3 Auf dem Mehlrand Salz, Kümmel, Butter in Flöckchen und das Ei verteilen. Alles zu einem geschmeidigen Teig verkneten, dabei die restliche Milch zugeben.

4 Den Teig zugedeckt an einem warmen Platz 30 Minuten gehen lassen.

5 Den Teig auf bemehlter Fläche durchkneten, ausrollen und in 10 Zentimeter große Quadrate schneiden. Zu Hörnchen rollen und auf ein gefettetes Backblech legen.

6 Die Hörnchen leicht mit Mehl bestäuben und nochmals 15 Minuten gehen lassen.

7 Hörnchen mit Eigelb bestreichen, mit Reibekäse und Kümmel bestreuen.

8 Im vorgeheizten Backofen bei 220 °C (Gas Stufe 4, Umluft 200 °C) etwa 15 Minuten backen.

Kräuter-Piroshki

Hefeteig (▶ Seite 12)

Aromatisch
Für Gäste
1 ausziehbares Backblech
(33–52 cm)

Zutaten

- 500 g Mehl
- 20 g Hefe
- 1/4 l lauwarme Milch
- 1/2 TL Salz
- 80 g Butter

Füllung

- 100 g Schnittlauchröllchen
- 100 g gehackter Sauerampfer
- 5 g gehackte Pfefferminzblätter
- 5 g gehackte Korianderblätter
- 6 EL gehackte Schalotten
- 1 TL Paprikapulver edelsüß
- 1/2 TL Salz
- 8 EL Öl
- 200 g saure Sahne

1 Für den Teig das Mehl in eine Schüssel sieben und in die Mitte eine Vertiefung drücken.

2 Die Hefe in etwas Milch verrühren, in die Vertiefung gießen und etwas Mehl darüber geben.

3 An einem warmen Ort zugedeckt 20 Minuten gehen lassen.

4 Auf dem Mehlrand das Salz und die Butter in Flöckchen verteilen.

5 Von der Mitte her die Zutaten zu einem geschmeidigen Teig verkneten, dabei die restliche Milch zugeben.

6 Den Teig zugedeckt an einem warmen Ort 30 Minuten gehen lassen.

7 Für die Füllung Schnittlauchröllchen, Sauerampfer, Minze, Koriander, Schalotten, Paprikapulver, Salz und Öl verrühren.

8 Den Teig nochmals durchkneten und auf bemehlter Fläche ausrollen.

9 Aus dem Teig Kugeln (wie für Klöße) formen und flachdrücken.

10 Dann die Ränder jeweils von drei Seiten her so einschlagen, dass eine

dreieckige Pastete mit einer kleinen Öffnung in der Mitte entsteht.

11 Die Kräutermischung in die Öffnung geben, danach die Teigstücke mit saurer Sahne bestreichen.

12 Im vorgeheizten Backofen bei 180 °C (Gas Stufe 2, Umluft 160 °C) etwa 15 Minuten backen.

▶ **Tipp:** Saure Sahne ist frische, mit Milchsäurebakterien versetzte Sahne. Ihr Fettgehalt beträgt zwischen 10 und 28 Prozent. Anstelle der sauren Sahne kann man auch Schmand verwenden. Unter Schmand versteht man löffelfesten Sauerrahm mit mindestens 20 Prozent Fett.

Würzige Käseküchlein

Knetteig (▸ Seite 12)

Würzig
Gelingt leicht
1 Backblech, 30 x 40 cm

Zutaten

- 500 g Mehl
- 2 Eier
- 1 TL Salz
- 1 Prise Zucker
- 250 g kalte Butter

Decke

- 500 g Doppelrahm-Frischkäse
- 4 Eigelb
- Salz
- 50 g weiche Butter
- 2 Eier zum Bestreichen

1 Das Mehl in eine Schüssel sieben, in die Mitte eine Vertiefung drücken. Eier, Salz und Zucker in die Vertiefung geben, die kalte Butter in Stücken auflegen.

2 Alles von der Mitte her zu einem glatten Teig verkneten. Eine Kugel formen, 30 Minuten kalt stellen.

3 Für die Decke den Käse in einer Schüssel mit Eigelb, Salz und Butter verrühren.

4 Den Teig auf bemehlter Fläche 5 Millimeter dick ausrollen und Taler von 8 bis 10 Zentimeter Durchmesser ausstechen.

5 Die Taler mit der Käsemasse bestreichen. Die Eier verquirlen, die Käsemasse damit bestreichen.

6 Ein Backblech mit Backpapier belegen, die Käseküchlein darauf geben und im vorgeheizten Backofen bei 180 °C (Gas Stufe 2, Umluft 160 °C) etwa 15 Minuten backen.

Schinkenröllchen

(▸ Foto)

Quark-Öl-Teig (▸ Seite 13)

Fein und würzig
Gelingt leicht
1 Backblech, 30 x 33 cm

Zutaten

- 150 g abgetropfter Quark
- 5 EL Milch
- 2 Eier
- 6 EL Öl
- 1 Prise Salz
- 300 g Mehl
- 2 gestr. TL Backpulver
- 200 g roher Schinken
- 125 g geriebener Käse

1 Den Quark durch ein Sieb streichen und mit der Milch, Ei, Öl und Salz verrühren. Mehl und Backpulver vermischen, sieben und nach und nach in die Quarkmasse einarbeiten.

2 Den Teig auf bemehlter Fläche ausrollen. Mit einem Teigrädchen Quadrate von 9 x 9 Zentimeter ausrädeln.

3 Den rohen Schinken in Würfel schneiden.

4 Die Quadrate mit geriebenem Käse und Schinkenwürfeln belegen und aufrollen. Die Ränder fest zusammendrücken.

5 Ein Backblech einfetten, die Teigrollen auflegen. Das Ei verquirlen und die Käse-Schinken-Rollen damit bestreichen.

6 Im vorgeheizten Backofen bei 180 °C (Gas Stufe 2, Umluft 160 °C) etwa 20 Minuten backen.

Über dieses Buch

Die Autorin

Oda Tietz studierte Germanistik und Geschichte und arbeitet seit über 20 Jahren als Journalistin. Ihre Schwerpunkte sind Kochen, Backen, Ernährung und das damit verbundene Brauchtum. Sie hat bereits mehrere höchst erfolgreiche Bücher zu diesen Themen veröffentlicht. Oda Tietz ist Mitglied im Food Editors Club, Deutschland.

Die Fotografin

Helga Florian ist ausgebildete Fotografin und hat sich auf die Bereiche Food, Werbung und Digitale Bildbearbeitung spezialisiert.

Danksagung

Recht herzlich bedanken möchten wir uns bei folgenden Firmen, die uns freundlicherweise Requisiten zur Verfügung gestellt haben: Bauscher Hotelporzellan-BHS Tabletop AG, Weiden i.d. Oberpfalz, Fachzentrum Knorr, Weiden i.d. Oberpfalz sowie Porzellanfabriken Christian Seltmann GmbH, Weiden i.d. Oberpfalz.

Bildnachweis

Alle Fotos: Helga Florian, Weiden, mit Ausnahme folgender Freisteller: MAURITIUS Die Bildagentur GmbH, Mittenwald: 87, 118; Karl Newedel, München: 12 (links unten), 13 (rechts unten), 21, 106, 127; Isabelle Rozenbaum & - Frédéric Cirou, Paris: 36, 45, 49, 56, 57, 61, 64, 68, 70, 80, 103, 104, 108, 112, 120, 130, 134, 137, 138, 142, 146, 147 beide, 160, 175 beide, 187 rechts unten; Stock Food, München: 166 (Sheffer).

Das Rezept zum Umschlagfoto finden Sie auf Seite 109.

Haftungsausschluss

Die Inhalte dieses Buches sind sorgfältig recherchiert und erarbeitet worden. Dennoch kann weder die Autorin noch der Verlag für die Angaben in diesem Buch eine Haftung übernehmen.

Unsere Rezepte werden von erfahrenen Fachautoren kreiert und erprobt. Wir freuen uns jedoch über Anregungen, Tipps oder Kritik und helfen bei Fragen gerne weiter.
Bitte wenden Sie sich an:
Weltbild Buchverlag
–Originalausgaben–
Steinerne Furt 67,
86167 Augsburg, oder schicken Sie uns eine E-Mail an:
Gabriele.Beck@weltbild.com

Versuchsküche: Sabine Haberbosch

Impressum

Es ist nicht gestattet, Abbildungen und Texte dieses Buches zu digitalisieren, auf digitalen Medien zu speichern oder einzeln oder zusammen mit anderen Bildvorlagen/Texten zu manipulieren, es sei denn mit schriftlicher Genehmigung des Verlages.

Weltbild Buchverlag
–Originalausgaben–
© 2003 Verlagsgruppe Weltbild GmbH, Steinerne Furt 67, 86167 Augsburg
4., überarbeitete Auflage 2006
Alle Rechte vorbehalten

Projektleitung: Julia Kotzschmar
Redaktion: Michaela Mohr
Umschlaggestaltung und Innenlayout: X-Design, München
Titelfoto: Wolfgang Feiler, Karlsruhe
DTP-Produktion: AVAK Publikationsdesign, München
Reproduktion: Point of Media GmbH, Augsburg
Druck und Bindung: Offizin Andersen Nexö Leipzig GmbH, Spenglerallee 26–30, 04442 Zwenkau

Gedruckt auf chlorfrei gebleichtem Papier

Printed in Germany

ISBN 3-89897-517-7

Rezeptverzeichnis